湖北省培养紧缺技能人才开发项目系列教材

工业制造网络化技术

编写人员名单

主　编　刘海平　鲁　捷

副主编　涂贵军　李文阳　陈志锋

编　者　刘文斌　占　蓓　韩　浩　沈　泳

梁　山　李　乐　汪　博　王　建

石政坤　叶　明　杨潇黎　瞿　洋

中国劳动社会保障出版社

图书在版编目（CIP）数据

工业制造网络化技术 / 湖北省人才事业发展中心组织编写 . -- 北京 : 中国劳动社会保障出版社，2024.
ISBN 978-7-5167-6673-6

Ⅰ. F407.406.14

中国国家版本馆 CIP 数据核字第 2024R9W574 号

中国劳动社会保障出版社出版发行
（北京市惠新东街 1 号　邮政编码：100029）
*
北京市艺辉印刷有限公司印刷装订　新华书店经销
787 毫米 ×1092 毫米　16 开本　9.5 印张　169 千字
2024 年 12 月第 1 版　2024 年 12 月第 1 次印刷
定价：56.00 元

营销中心电话：400-606-6496
出版社网址：https://www.class.com.cn

序　言

“技术工人队伍是支撑中国制造、中国创造的重要力量。”“工业强国都是技师技工的大国，我们要有很强的技术工人队伍。”“大力弘扬劳模精神、劳动精神、工匠精神，激励更多劳动者特别是青年一代走技能成才、技能报国之路，培养更多高技能人才和大国工匠，为全面建设社会主义现代化国家提供有力人才保障。”党的十八大以来，习近平总书记始终高度重视关心技能人才，多次作出重要指示批示，在许多场合、多个会议反复强调要加强技能人才队伍建设，为做好新时代技能人才工作指明了方向、提供了遵循。时代需要高技能人才，时代呼唤更多高技能人才。

技术技能水平的提高是一个系统工程，好的教材对技术技能水平的提高至关重要。多年来，湖北省人力资源和社会保障厅围绕国家高技能人才振兴计划和技能人才培养创新项目，面向经济社会发展亟须紧缺职业（工种），组织开展品牌专业评审和精品教材开发，致力于服务技工教育和职业技能培训。

2021 年，湖北省人力资源和社会保障厅组织全省技工院校骨干教师精心编写了湖北省培养紧缺技能人才开发项目系列教材。系列教材以推动构建“51020”现代产业体系为目标，重点对接光电子信息、新能源与智能网联汽车、生命健康、高端装备和北斗产业等湖北省五大优势产业。教材编写坚持需求导向，强化技能培训，借鉴学习了一体化课程教学改革理念，注重融入职业精神、工匠精神，旨在培养实用型技能人才，提升就业帮扶效率。

本系列教材的开发，是湖北省技工院校开展一体化课程教学改革的积极探索和有益尝试，是湖北省技工教育和职业培训最新教学成果的展示。期望教材的出版既能为技工院校在校师生提供内容先进、论述系统并适用于教学的参考书，也能成为广大技能人才知识更新与继续学习的参考资料。

2023 年 1 月

前　言

近年来，我国工业制造水平突飞猛进。改革开放之后，我国工业紧随时代的“东风”扶摇直上。作为国家数字经济转型的重要基座，工业制造的网络化改造具有重要意义。如今，新一轮的“东风”——新一代的移动通信与互联网技术逐渐掀起了产业革命的浪潮，只有紧随这场“东风”，在浪潮中领跑，我国工业才能继续扶摇直上，保持在世界上的竞争优势和领先地位。

本书内容由总到分，系统性阐述了工业互联网概念，对结合了互联网技术的新型工业体系进行阐述分析，使读者理解工业生产正走向现代化和智能化道路的宏观发展与变化趋势。

与其他领域相比，工业领域更看重设备与设备之间的通信，因此工业互联网对于时间的敏感性更强，TSN 和 5G 因其确定性网络的属性，在工业领域具有很大的发展潜力，可以推动智能电网、工业自动化等领域的发展，让工业更好地与先进技术融合。本书将介绍 TSN 和 5G 等关键技术，并辅以应用场景的说明，使读者易于理解。

本书还将对软件定义网络（SDN）技术进行讲解。未来工业网络将面临现场异构网络技术的统一管控问题，SDN 将网络设备的控制平面和转发平面分离，实现控制平面的集中化，只需在控制节点集中进行软件升级即可部署网络新功能，提高网络的灵活性。

工业制造的信息化发展是我国工业发展的必经之路，也是走向高效工业生产的重要途径。云制造技术是工业信息化发展的重中之重，这项技术囊括了许多先进的信息化技术，是云计算技术在制造业领域的深度延伸和拓展。云制造模式下，工业企业可以更好地适应外部环境变化，及时对经营战略和生产模式等做出调整。本书将对基于云制造技术的工业企业敏捷化方式与特点进行介绍。

本书由湖北工程职业学院刘海平、鲁捷担任主编，负责整本书内容的编写。编写过程中其他人员分工如下：陈志锋、刘文斌参与编写了第一章，李文阳、韩浩参与编写了第二章，涂贵军、占蓓参与编写了第三章，李文阳、杨潇黎参与编写了第四章，朱端成、李乐参与编写了第五章，汪博、王建参与编写了第六章。在本书的编写过程中，作者借鉴和参考了许多国内外专家和学者的研究成果，在此向这些专家学者表达感谢。

由于编者水平有限，书中难免存在错漏之处，欢迎使用者和广大同行批评指正。

《工业制造网络化技术》编写小组

内容简介

本书由湖北省人才事业发展中心依据紧缺技能人才的培训需求，参照相关国家职业标准组织编写。本书从强化培养紧缺技能人才操作技能，提高掌握实用技术能力和水平的角度出发，较好地体现了本职业（岗位）当前最新的实用知识与操作技术，对于提高紧缺技能人才基本素质，掌握工作现场和工作岗位所必需的核心知识与技能有直接的帮助和指导作用。

本书系统地介绍了工业制造网络化技术的发展历程及工业制造网络关键技术，主要包括中国制造业的发展、工业互联网、TSN技术、5G技术、软件定义网络（SDN）、云制造与敏捷型组织等内容。

本书力求便于读者对工业制造网络化技术入门，既注重技术概念，又注重与业界发展的结合，结构合理、层次清晰、图文并茂，具有很强的实用性和易读性。本书可作为全国中高等职业院校通信计算机等相关专业的课程教材，也适合所有对工业制造网络化技术感兴趣的读者或相关从业人员。

目录

CONTENTS

第一章

中国制造业的发展

本章知识点

- 中国制造业的发展历程以及各阶段的特点；
- 制造业信息化的概念及其包含的关键技术；
- 制造业信息化对国家发展的重大意义；
- 发达国家制造业信息化的发展历程及其经验与启示。

第一节　中国制造业的发展历程

改革开放以来，中国制造业迅猛发展，取得了令人瞩目的成就。1978 年改革开放伊始，中国制造业增加值占世界制造业增加值的比重不足 1%；2016—2019 年，中国制造业增加值年均增长 8.7%，由 20.95 万亿元增至 26.92 万亿元，占全球比重达到 28.1%，一跃成为世界范围内经济发展不可或缺的原动力。回顾中国改革开放以来制造业的发展历程，可将其分为三个阶段。

第一阶段：20 世纪 80 年代，以劳动力等生产要素为主导。

改革开放的第一个十年，中国制造业快速崛起，国内大批量生产各种电子产品和轻工产品，与其相关的各类广告也开始出现在电视等媒体上，制造业市场逐渐变得供不应求。特别是在 20 世纪 80 年代后期，随着国家政策的不断放开以及沿海地区开放程度的逐步提高，民营企业逐渐兴起。这十年间，中国各省市开始大力建设各种工业园区，低廉的劳动力、土地、原材料成本以及巨大的需求量使得大量外国制造企业争先抢占中国市场，中国开始拥有了外商投资、合资和合作企业。

第二阶段：20 世纪 90 年代，以装备现代化为支撑。

改革开放的第二个十年，恰逢发达国家为降低制造成本而采取“去工业化”和产业转移战略的阶段，大量外资涌入中国，成立了数量庞大的外资与合资制造企业。沿海地区的制造业发展迅猛，“中国制造”闻名于世。这些企业充分发挥了自身的低成本优势，逐渐形成国际竞争力，获得了大量的代工订单，中国逐渐成为国际制造业的生产外包基地。其中，制造业装备现代化正是支撑低成本优势的关键所在，生产率也因此大幅提升，大规模经济体系逐渐形成。

第三阶段：2000 年至今，以产品创新与信息化为动力。

2000 年以后，中国制造业进入了一个快速发展的新时期，船舶机床、汽车、工程机械、电子和通信等行业的产品创新尤为迅速，使得重型机械、模具和钢铁等原材料的需求大幅增长，从而推动了整个制造业产业链的发展。大型国有企业的效益明显提高，钢铁等行业开始快速整合，资本市场为中国大中型制造企业的发展提供了充足的资金支持，企业资源计划（ERP[①]）系统、产品生命周期管理（PLM）系统、客户关系管理（CRM）系统等制造业信息化技术的应用，成为推动制造业发展的重要手段。

随着中国加入世贸组织，中国制造业开始迅速融入全球经济，中国的国际贸易量开始快速攀升，同时，外汇储备也持续增长。联想、海尔、华为等许多优秀的中国制造企业开始走向全球市场，而机床、汽车等行业的中国大型制造企业也开启了国际并购之旅。

中国制造业整体发展稳定，发展方式由规模速度型向质量效益型转变。2018 年底，中国制造业法人企业有 327 万家，比 2013 年底增长了 45.2%；制造业企业资产总计超过 100 万亿元，比 2013 年底增长了 32.1%。制造业企业的生产率和营利能力显著提升。

制造业的发展使人们充分认识到制造业在国民经济中的重要地位。

第一，制造业是推动中国经济快速增长的引擎。从工业和信息化部网站公布的数据来看，2016—2019 年，中国工业增加值由 24.54 万亿元增至 31.71 万亿元，年均增速远高于世界同期水平。2019 年，中国制造业增加值达到 26.9 万亿元，占全球比重的 28.1%，连续十年保持世界第一制造大国的地位。

第二，制造业是高新技术产业化的载体和动力。高新技术是高度发达和成熟制造业的产物，其发展的直接结果是推动如计算机、飞机、集成电路、核电站、网络设备、智能机器人、手机、高端医疗设备、精密仪器和人造卫星等产品的纷纷问世，从而形成了制造业的高科技产业。20 世纪崛起的信息技术、核技术、空间技术和生物医学技术等高新技术都是借由制造业的发展而产生并转化为大规模生产力的。

第三，制造业为劳动力的就业问题提供了重要空间。制造业创造了巨大的就业空间，能够接纳不同层次的劳动者，是解决劳动力就业难和提高职业技能水平的重要领域。

第四，制造业是扩大出口的重点产业。多年来制造业一直是中国出口创汇的主力

① 本书英文缩略语的英文全称及对应解释详见“缩略语”部分（附书后），下同。

军，工业制成品一度占中国外贸出口总额的九成。

第五，制造业是国家安全的重要保障。强大的装备制造业是军事安全和政治安全的基本保障，经济和文化上的安全也依赖装备制造业的发展。高端制造技术与制造业始终是一个国家的支柱技术和产业。

中国企业当前正进入一个智能化升级阶段。打造更具有国际竞争力的制造业，实现制造业向中高端转化，已成为中国提升综合国力的必经之路。中国制造业的发展方向应该从“中国制造”向“中国智造”转变。

第二节　制造业信息化对国家发展的重大意义

制造业信息化结合自动化技术、信息技术、制造技术与现代管理技术，促进了设计制造的数字化、生产过程的智能化和企业经营管理的信息化。高新技术的改造和制造业的提升，推动了制造业研发设计、生产制造、企业管理和营销方式的变革，促进了产品设计和制造模式的创新、企业管理和经营模式的创新以及企业间协作模式的创新，是新时代下中国制造业适应全球竞争环境、生存和发展的必经之路，对提升中国制造业的自主创新能力和市场竞争能力具有重要意义。

《国家中长期科学和技术发展规划纲要（2006—2020 年）》将制造业信息化列为制造业发展的三大方向之一，明确提出“大力推进制造业信息化”的需求，全面提升整体制造业的水平，并将“数字化和智能化设计制造”列为优先主题。推进制造业的信息化发展已成为中国依靠科技进步迈向制造强国之路的一项重要举措。

制造业信息化是中国企业成长发展、应对全世界竞争的迫切需要。2005 年，中国制造业信息化工程调查了分布在全国 27 个省份的 2 968 家企业的制造业信息化技术需求，这些企业覆盖了制造业主要行业 / 门类。统计分析表明，企业对以三维 CAD、PDM 为代表的数字化设计技术和以 ERP 为代表的数字化管理技术有着广泛的需求。

1. 企业资源与业务整合对信息化提出了迫切的需求

中国制造企业已经为信息化单元技术的应用奠定了良好的基础，随着企业的业务水平和信息化水平的提高，企业对实现产品开发和企业管理信息系统的集成、消除信息孤岛和对既有资源的再利用提出了迫切的需求。其中，围绕主导产品开发，企业提出了以“甩图纸”为标志的三维建模、分析仿真、工艺规划、数控加工和质量控制等一系列信息流程的一体化需求；围绕企业生产、销售、成本核算以及采购等主要业务流程，企业以“甩账表”为标志，对信息化支持信息流、物流、资金流和经营管理业务流程提出了集成应用的需求；围绕信息系统的升级，企业提出了对现有资源进行再利用和集成的要求。

2. 企业间的业务协作对信息化提出了迫切的需求

在国际和国内的竞争中，中国企业与合作伙伴的业务合作越来越紧密，迫切需要信息化支持的业务协作体系。然而，现有的信息系统并不能满足企业间业务协同的需要。一方面，企业、合作伙伴和协作企业的信息系统不能很好地集成，无法有效地满足企业间设计以及管理协同的需求。另一方面，缺乏支持企业群体间业务协作的产业和支持区域信息化的协作体系，未能实现对供应管理、销售管理和服务协同等跨企业主业务流程的有效支持，从而无法降低产业链合作和资源配置的成本。

3. 企业产品和管理的创新对信息化提出了新的要求

随着产品创新开发和企业创新管理模式的迅速发展，仅支持几何设计和简单信息管理的系统已经无法满足企业的需求，企业期待信息化能够支持产品的优化设计和智能设计，同时，还可以支持企业业务流程的创新管理。围绕产品开发，企业提出了新的需求，想要将三维建模与分析仿真相结合，实现产品功能设计、性能优化、学科协同设计以及产品生命周期管理等功能；企业以企业管理为中心，提出了将信息集成与智能决策结合，实现从信息统计向集数据挖掘、分析、诊断、知识管理和业务集成管理于一体的发展方向。

从国际角度来看，第二次世界大战以后，世界信息化的步伐日益加快。一些西方学者开始将工业化的重点转移到信息或信息技术、信息产业和信息化的方向上，并进行相关的理论研究和预测，形成了关于信息化、工业化与社会经济发展的关系的各种理论。代表性的理论包括以下几个方面。

1. 后工业化时代，信息是一种新的重要资源，信息经济将取代传统的物质经济

许多西方学者指出，从资源的角度来看，信息对经济活动有重大影响。他们认为，在现代经济和工业化的发展过程中，传统资源的稀缺问题越来越突出，信息资源的合理开发和运用将取代和弥补短缺，并能延续工业生产甚至推动工业化的发展进程。美国经济学家认为，物质的交易会导致竞争，而信息的交易可以导致合作。信息是一种可以真正分享的资源。美国未来学家曾表示，未来经济是从物质经济向信息经济的过渡。物质经济以规模经济、大群人生产和大量商品为特征，而信息经济则以人们生产数量较少而含信息较多的商品为特征。信息社会或信息化的优势在于信息经济用信息代替物质，从而保护了有限的自然资源，降低了产品成本，进一步提升了性能。

2. 信息作为后工业社会中的一种新的重要生产要素，有助于经济效率的提高和可持续发展的实现

美国信息经济学家塞缪尔认为，信息作为生产要素，基本上不同于土地、劳动和资本。信息是生产的第四要素，它像传统的三要素一样，对于生产是基本的和必需的。信息作为要素的主要功能是通过在信息化条件下所形成的以信息为核心要素的新的国民经济系统中实现的。在深入考察和研究日本社会的信息化后，德国学者魏尔克认为，信息化的结果不仅对提高生产率和在能源与资源的保护上有贡献，而且在解决社会问题，扩大人类活动范围方面也会起到重要作用。通过信息加快技术的传播和应用，可以实现经济的高效率；而信息对可持续发展的影响，则主要是通过信息提高能源或资源的使用率来实现的。

3. 信息化具有调整社会经济活动的作用，特别是影响了工业的经济结构和就业方式

很多西方学者指出，信息化导致第三产业的大发展，使其在社会经济中所占的比重进一步提高。美国经济学家波拉特在《信息经济》一书中对信息产业的不同行业进行了详细划分，还预测了信息服务业等新兴产业的比重将不断攀升。有三位美国经济学家从微观经济的角度，深入研究了企业获取信息的不对称性问题。他们认为，在市场经济中，信息的不对称性使人们认为这一方经济主体比另一方经济主体知道的信息更多，这将直接影响企业的成本、收益和竞争力。此外，在社会经济活动中，信息还有影响就业方式的作用，使得相当数量的工作可以居家完成。

4. 信息化促进了经济全球化的发展

美国未来学家约翰奈斯比认为，社会信息化有助于经济的全球化，“过去的时代已经结束，我们现在必须适应生活在一个所有国家互相依赖的世界中，各种经济活动的全球化已成为必然趋势，其中，汽车产业将成为第一个全球化的行业”。有法国学者认为，信息化对外贸也产生了影响，“由于获取世界性商务信息的及时性和充分性，外贸的机会也大大增加”。因此，社会信息化能够而且必然导致新的经济增长。

第三节　发达国家制造业信息化的经验启示

研究发达国家信息化的发展历程和内在动力，对中国走新型工业化道路和加速工业化进程，具有非常重要的理论与实践意义。通过鼓励科技创新、重视人才培养、打造良好的投融资体系以及政府积极引导等举措，一些发达国家制造业信息化的进程大大加快，具体表现如下。

1. 高度重视科技创新对产业升级的支撑作用

发达国家在历次产业技术革命以及经济危机到复苏的周期中，科技创新都始终如一地成为推动经济增长回升的主要动力。从第一次工业革命到第二次工业革命，到电气化工业时代，再到信息化时代，以及未来的智能化时代，科学技术都无一例外地成为发达国家获取产业竞争优势的首要抓手，每次经济危机、周期调整后，科技创新都是发达国家经济重新走向复苏、发展的核心动力。

领先的科技创新能力、创新成果及转化能力，使得发达国家能够控制产业技术的制高点，并以此优势加强对技术标准的控制和知识产权的保护，进而增强企业品牌的价值和影响力。因此，尽管随着新兴经济体的崛起，发达国家制造业占全球的比重有一定程度的下降，但发达国家仍然掌控着高科技产业的核心竞争力，在高端制造业的优势仍远远强于后发制造业大国。

2. 构筑先进发达的人才培养体系

发达国家科技创新能力强劲的根本在于先进的人才培养体系及全社会对科技创新教育的高度重视，为产业技术升级和经济发展提供了优秀的高端技术人才，进而确保其科技创新能够始终保持旺盛的活力。

美国的科技硬实力就是建立在发达的教育体系和人才培养模式基础上的。美国高等教育十分重视创新和创造，鼓励自由创意，并支持从创意到实现市场价值的全链条创新。

德国在鼓励高端研发人员培养的基础上，也十分重视职业技术教育在产业发展中的推动作用。德国的《职业技术培训法》规定青年人必须参加技术培训，企业有义务为青年工人提供技术培训岗位，使得德国在生产一线的技术人员能够参与到技术创新活动之中，通过学校和企业的密切合作，培养出大批高素质的产业技术工人，从而保障了德国制造业在全球始终保持高强的竞争力。

3. 打造鼓励支持创新创业的投融资体系

产业技术创新是高风险活动，发达国家为鼓励技术创新建立了高效的投融资支持机制，实现了风险分担，降低了全社会的创新风险和成本。从产业组织的角度来看，很多发达国家都以企业作为技术创新的主体，但政府给予大量的资金扶持，引导并形成主导产业的企业整合资源，进行行业整体的合作研发，产业集中度高的同时，企业的合作度也很高。

同时，风险投资的高度发达也为创新活动提供了重要的资金支持。例如，美国的工业创新实验室受到企业的高度支持，风险投资也高度关注并且能够提前介入，使得工业创新实验室能够保持充裕的经费。许多类似公司在发展高新技术的过程中实现了迅速腾飞。

本章小结

改革开放以来，中国制造业的发展历程分为三个阶段：20 世纪 80 年代，以劳动力等生产要素为主导；20 世纪 90 年代，以装备现代化为支撑；2000 年至今，以产品创新与信息化为动力。制造业信息化结合自动化技术、信息技术、制造技术与现代管理技术，以促进设计制造的数字化、生产过程的智能化和企业经营管理的信息化为目标，是新时代下中国制造业适应全球竞争环境、生存和发展的必经之路，对提升中国制造业的自主创新能力和市场竞争能力具有重大意义。本章分析了制造业信息化的必要性，介绍了发达国家在信息化升级过程中所采取的重视科技创新对产业升级的支撑作用、构筑先进发达的人才培养体系、打造鼓励支持创新创业的投融资体系等战略措施，为中国制造业转型升级提供借鉴。

本章习题

1. 中国制造业发展分为几个阶段？简述每个阶段的特点。
2. 制造业在国民经济中占据怎样的地位？
3. 当前中国制造业存在哪些问题？
4. 制造业信息化结合了哪些技术？简述其对中国发展的重要意义。
5. 制造业信息化对企业、国家、国际社会分别有什么意义？
6. 发达国家制造业信息化的发展历程中，有哪些我们可以借鉴的经验？
7. 简述创新和人才与国家信息化发展之间的联系。

第二章

工业互联网

本章知识点

- ➢ 工业互联网的内涵与特征；
- ➢ 工业互联网的发展历程及现状；
- ➢ 工业互联网的技术体系与架构；
- ➢ 工业互联网的标准体系；
- ➢ 工业互联网的产业模式。

第一节　工业互联网概述

一、工业互联网的发展与影响

随着中国新一代信息技术与制造技术的深度融合，在工业数字化、网络化、智能化转型需求的带动下，以泛在互联、全面感知、智能优化和安全稳固为特征的工业互联网应运而生。

工业互联网作为全新工业生态、关键基础设施和新型应用模式，通过新一代的信息通信技术建设起连接工业全要素、全产业链的网络，凭借人、机、物的全面互联，实现海量工业数据的实时采集、自由传输、精准分析和智能反馈，从而支撑业务的科学决策和制造资源的高效配置，并推动制造业的转型升级和融合发展。

具体来说，工业生产制造流程可以简化为工厂购买设备、搭设生产线、购入原材料、工人入厂生产、销售交付等，过程中涉及的工业产业链角色包括设备制造商、设备代理商或集成商、原材料供应商、工厂及客户等。因此，工业互联网的概念既包括工厂内整个生产制造过程的连接，尤其是重资产工业的设备连接，还涉及从设备制造商、供应商到工厂，再到客户的整个产业链的协同和连接。

1. 工业互联网的发展

工业互联网的发展交织着三条主线：运营技术（OT）、信息技术（IT）与通信技术（CT）。第一条线是以 OT 为代表的设备、自动化与工业协议的发展，包括可编程逻辑控制器（PLC）、以太网、传感器；第二条线是以 IT 为代表的软件、互联网的发展，包括云计算、大数据和人工智能；第三条线是以CT为代表的通信技术和芯片技术。

可编程控制器PLC的诞生，是一个影响深远的工业发展节点。1969年第一台PLC——Modicon084的诞生，开启了工业控制的PLC时代。PLC是一个软件编程、芯片技术、自动化技术的完美结合体。在自动化领域，没有哪个单一发明能对制造业产生如此巨大的影响。PLC彻底改变了机械与电气自动化的进程。基于物物连接与控制角度，PLC可以看成最早也是最成功的一次3T融合。

OT、IT和CT的3T融合，成就了工业互联网。无论是帮助企业优化运营、跟踪和分析设备，还是完成预测性维护，以及提高企业的实时决策，工业互联网都起到积极的推进作用。

2. 工业互联网对制造业的影响

工业互联网作为数字化转型的关键支撑力量，正在全球范围内不断颠覆着传统制造模式、生产组织方式以及产业形态，推动传统行业向数字化转型的进程。以下将从价值维度、未来劳动模式以及企业组织结构三方面，对工业互联网对制造业发展造成的影响进行阐述。

（1）价值维度

工业互联网可以为制造业创造两类价值：挖掘现有制造的价值潜力，以提质增效、创造价值；开创新的价值空间，使数据、信息、知识成为新的价值创造源泉。

制造业虽然经过自动化、信息化的长期发展，生产率已经大幅度提升，但是随着需求的提高，制造业仍然面临诸多难题：需求与供给不能实时匹配，从而导致库存、紧急订单的成本增加；需求多样性带来个性化产品的成本增加；人们对环保要求的提升，导致对制造业环保要求的提升等。借助工业互联网平台，能够实现信息透明，从而通过更好的计划来优化库存，提升生产率；还能通过监控设备状态，降低能耗，提质增效。

随着连入工业互联网平台设备、产品、流程的增加，数据成为未来价值的增长点。借助打通数据，实现从设计、计划、制造、交付、运维的全流程打通，可以提升设计、服务效率。设计、服务依赖的创新性，可以借助数据获得，数字创新将成为创新的主流，数据将成为创新的源动力，促进新产品、新服务、新业态的形成，从而颠覆传统商业模式，成为新价值的主要来源。

（2）未来劳动模式

工业互联网将企业带入智慧企业阶段。工业互联网数字时代的演变过程如图2–1所示。

演变路线	1960—1990年 大型机和PC	1990—2000年 客户端服务器 和Internet	2000—2010年 云服务、移动数据和大数据	2010年至今 智能技术
核心技术	√晶体管与硅革命 √PC诞生 √生产过程自动化	√广泛采用PC √宽带互联网 √ERP和业务流程技术	√设备智能化 √云计算 √社交网络 √大数据	√机器学习及人工智能技术 √物联网和分布式计算 √区块链
创造价值	工业自动化	业务流程自动化	数字化转型	智慧企业

图 2-1 工业互联网数字时代的演变过程

在智慧企业阶段，未来的工作将发生变化：重复性的工作将越来越多地被自动化取代，人们将从重复性的工作中解放出来，从事高价值的工作。而高价值的工作通常都是具有创造性的，当创造性工作的规则确立后，又可以转由机器自动完成。所以，未来将很少有人重复做同样的工作，而是经过一个阶段就会换一个创新领域，去做高价值的工作。

创新的高价值的工作，通常需要人们具有多方面的能力。当一个人需要参与的领域增加时，其能力就会遇到瓶颈。这时，工业互联网平台将会对其赋能，借助工业互联网平台的知识积累，让其具备某些能力。

（3）企业组织结构

工业互联网是中国制造业向智能化转型的有效途径。目前，工业互联网的扶持政策也正在由宏观向微观建设层面转变，并进入了实施建设期，有着巨大的市场发展空间。中国的工业基础雄厚，后发优势显著，因此，工业互联网行业市场规模的增长速度有望进一步加快。

竞争的不断升级促使各类产业主体积极部署，推出了一系列工业互联网平台产品。以航天科工、海尔为代表的传统制造企业，以阿里巴巴、腾讯为代表的互联网企业，以华为、浪潮为代表的信息科技企业纷纷加入其中，未来互联网工业平台之争将会逐渐趋于白热化。

作为新一代信息技术与制造业深度融合的产物，工业互联网不仅可以为制造业乃至整个实体经济数字化、网络化、智能化升级提供网络基础设施支持，还催生了网络化协同、个性化定制、服务型制造等新模式新业态，其应用场景也将不断丰富。

中国工业互联网发展尚不成熟，核心技术的积累还不够，工业互联网平台安全、工业互联网设备与控制安全、工业大数据安全等问题将成为行业面临的新挑战，工业互联网安全综合保障网络体系将成为未来行业发展的重中之重。

3. 工业互联网对工业企业的影响

工业企业面临国际市场持续低迷、国内经济增速放缓、人口红利逐渐消失、节能环保要求不断提高、客户需求日益严苛等压力，转型需求迫切。现阶段，中国工业互联网平台应用场景分为设备 / 产品管理、业务与运营优化、社会化资源协作三大类，并能为企业实现降低成本、提高效率、提升产品和服务品质、创造新价值四大成效。

中国工业互联网平台应用场景及成效分布如图 2–2 所示。

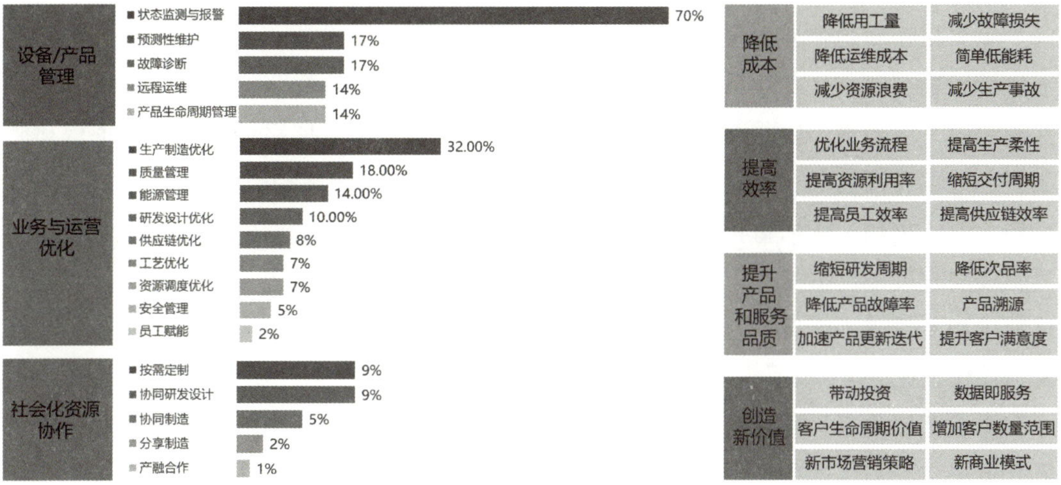

图 2–2　中国工业互联网平台应用场景及成效分布

二、工业互联网的内涵与特征

工业互联网的本质内涵是“人—机—物”深度融合的智能网络空间，其基本原理如图 2–3 所示。

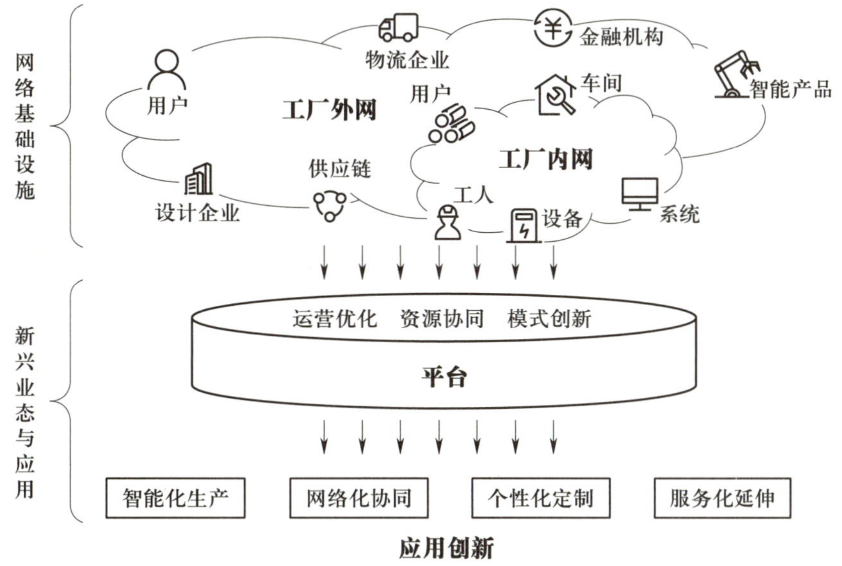

图 2–3　工业互联网基本原理

工业互联网是智能制造落地的关键基础设施。2017年国务院发布的《关于深化“互联网＋先进制造业”发展工业互联网的指导意见》中指出，工业互联网是以数字化、网络化、智能化为主要特征的新工业革命的关键基础设施，加快其发展有利于加速智能制造发展，更大范围、更高效率、更加精准地优化生产和服务资源配置，促进传统产业转型升级，催生新技术、新业态、新模式，为制造强国建设提供新动能。

工业互联网是企业数字化转型、实现跨越式发展的助推器和数字赋能器。企业数字化转型是在新一代数字化/信息化技术的基础上，以业务数字化为具体载体，以数据资源为关键要素，以数字化技术和业务技术深度融合为发展路径，以开放平台和商业生态为主要标志的一种企业转型升级模式。与之相匹配的是企业的产品重构、技术重构、业务重构、能力重构、思维重构、组织重构、商业模式重构等。而工业互联网实施成功的关键，恰好是以业务数字化为具体载体，以数据资源为关键要素，以数字化技术和业务技术深度融合为发展路径的，它与企业数字化转型完全契合，最终结果就是促使企业的多种要素重构。

工业互联网是数字经济的重要基石。截至2022年，中国数字经济规模达50.2万亿元人民币，占国内生产总值（GDP）的41.5%。预计当中国数字经济规模超过GDP的50%时，中国的整体实力将发生重大变化。“结果经济”（在工业互联网发展的第三阶段出现的一种工业经济现象）是数字经济的一个重要有机组成部分，也是工业互联网产生和发展的重要驱动力。

工业互联网的具体特征如下。

（1）三元融合：人行为模型、工业过程模型以及信息系统模型共同构成了工业互联网。

（2）时空关联：工业互联网可以实时反映工业过程的时空变化。

（3）平行演进：工业互联网可以实现信息空间与物理空间同步演进。

（4）智能涌现：工业互联网可以实现工业过程的自感知、自分析、自优化和自执行。

三、工业互联网发展现状

在工业互联网发展初期，工业数字化水平是影响工业互联网市场规模结构的重要因素，工业设备的数字化水平低下是造成平台市场规模小的主要原因之一。但随着工业互联网的迅速发展，在市场需求及新技术的推动下，工业互联网平台的市场规模会持续增长。

目前，全球制造业的领先企业以及互联网主导企业基于自身的优势，从不同层面和角度搭建了工业互联网平台。工业互联网平台的发展时间虽然不长，但已经呈现出快速扩张的趋势。

工业互联网第一层基础设施即服务（IaaS），指的是基础设施层，即硬件部分，包括服务器、网络设备、存储设备等。工业互联网第二层是平台即服务（PaaS），企业的全部开发都可以在这一层完成，可以节省时间和资源。工业互联网第三层软件即服务（SaaS），是一种软件许可和交付模式，通常由网页浏览器接入。目前，大量工业 PaaS 的行业知识和专业技术积累不足，由于消费互联网横向整合的巨大成功，很容易使人们忽视制造与消费之间的巨大差异，造成对战略方向和发展路径的错误判断，因此，工业 PaaS 开发建设应在专业性的基础上进一步向提供通用能力的方向发展。由于 PaaS 赋能不足，SaaS 的潜力尚未发挥出来，处于萌芽阶段。SaaS 正逐步向制造业细分行业渗入，中小企业对 SaaS 应用的需求最迫切、服务规模最大、价值创造最直接。

互联网平台构建以数据能力合作为纽带的开放共享的价值网络。工业互联网平台是一个以数据为驱动、制造能力为核心的专业服务平台。第一，平台的核心元素就是数据，数据能力合作是平台业务发展和模式创新的主要源动力。数据资源和数据能力合作目前是全球主要的工业互联网平台积极争夺的“宠儿”。第二，工业互联网平台发展依托于构建开放共享的价值网络，目前还没有一家企业能够独立提供满足工业互联网平台“云基础设施 + 终端连接 + 数据分析 + 应用服务”等端到端能力需求的解决方案，建立合作伙伴关系和生态系统是平台发展的主要方式。第三，从注重平台功能和产品逐渐转变为注重共创价值。随着平台逐渐有能力自动量化服务价值，平台将以市场需求为中心，将销售产品或服务转变为销售可量化的价值结果，推动服务定价方式、金融工具和风险防控机制的变革，对竞争模式和产业结构重新进行定义。

由于工业互联网的发展具有巨大的潜力，自 2017 年以来，工业互联网已经成为政策的新焦点，不断传来来自国家层面的利好消息（见图 2–4）。

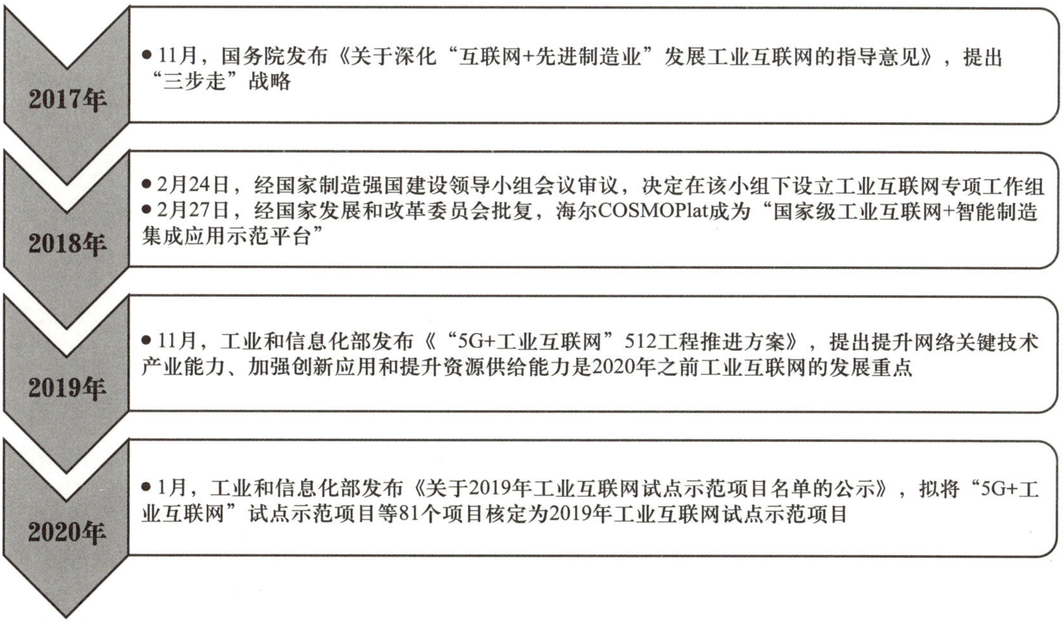

图 2–4　工业互联网政策利好

虽然目前中国工业互联网平台的建设尚处在低中端的发展阶段，但是经过不断的推动和发展，一定会在世界舞台上大放异彩。

第二节　工业互联网总体技术

一、工业互联网技术体系

工业互联网是融合工业技术与信息技术的系统工程，随着近几年的快速发展，已逐步形成包括总体技术、基础技术与应用技术等在内的技术体系，如图 2–5 所示。

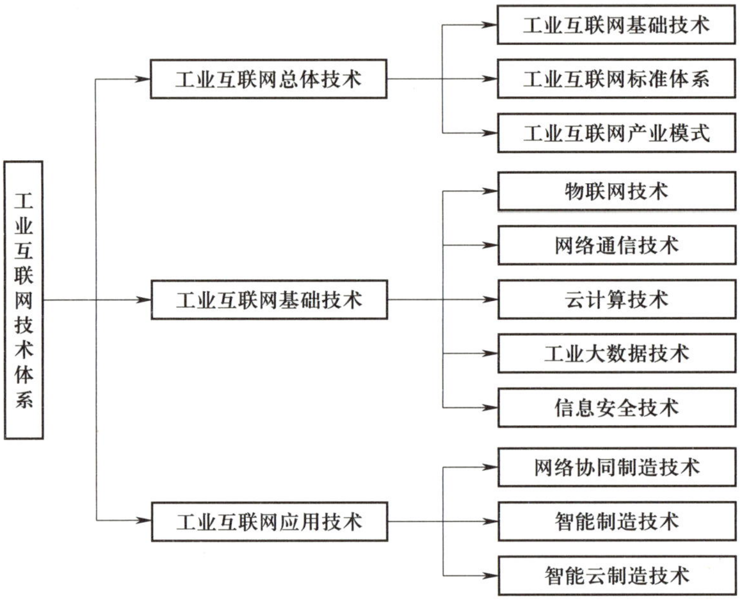

图 2-5　工业互联网技术体系

工业互联网的总体技术主要是指将工业互联网视为一个系统，在工程开展、开发和实施过程中所涉及的集成技术，其中包括工业互联网的基础技术、标准体系以及产业模式等。

工业互联网的基础技术包括从工业技术与互联网技术层面支撑工业互联网系统建设和实施的各种关联技术，其中包括物联网技术、网络通信技术、云计算技术、工业大数据技术和信息安全技术，基本可以概括为网络、数据、安全三个维度。

工业互联网的应用技术包括基于工业互联网开展智能化大制造的各种模式和应用，包括网络协同制造技术、智能制造技术和智能云制造技术等。

二、工业互联网体系架构

目前，在新一代信息技术的推动下，数字浪潮正在重塑整个经济社会，移动互联网、物联网、云计算、大数据、人工智能等技术被充分应用到各个产业中，推动了生产方式、产品形态、商业模式、产业组织和国际格局的快速发展。

2016年，工业互联网产业联盟发布了《工业互联网体系架构》1.0版本，推动产业各界在认知层面达成共识，为开展工业互联网实践提供了参考依据。通过几年来的理论和实践探索，工业互联网已从概念普及进入应用实践推广的新阶段，业界对工业互联网的发展方向已达成高度的共识。在这一过程中，国内外均形成了大量的探索实践，工业互联网几乎涵盖了工业的各个行业、大中小各类企业乃至实体经济的各个领域，新一代信息技术与制造、能源、交通、医疗、服务等技术的融合集成初步显现了其巨大的生命力和创造力，为进一步创造新的生产力和发展动能奠定了基础。

工业互联网产业联盟在工业和信息化部的指导下，整合行业共识，研究制定了《工业互联网体系架构》2.0版本，以1.0版本的核心理念、要素和功能体系为基础，进一步从业务、功能以及实施三个角度对工业互联网的参考体系架构重新进行了定义，并逐一展开，为政府、企业、科研机构以及投资者等利益相关者共同推动产业互联网创新发展提供了有力的指导和参考。

1. 回顾《工业互联网体系架构》1.0版本

《工业互联网体系架构》1.0版本（见图2–6）提出了工业互联网的三大体系：网络、数据和安全。其中，“网络”是工业数据传输交换和工业互联网发展的支撑基础，“数据”是工业智能化的核心驱动力，“安全”是网络和数据在工业中应用的重要保障

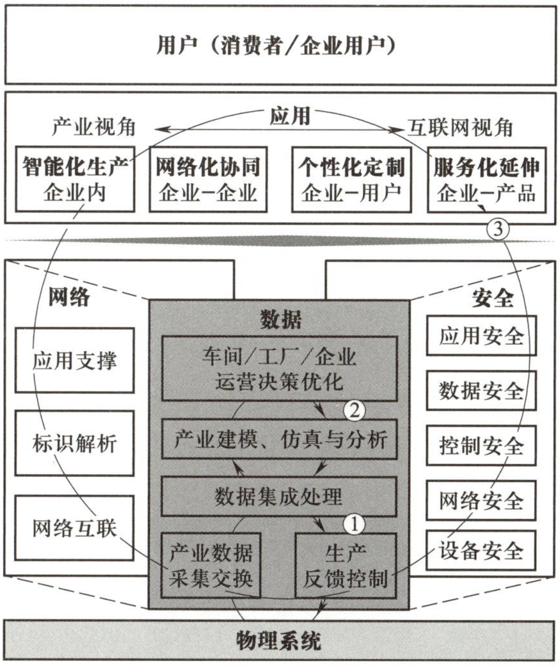

图2–6 《工业互联网体系架构》1.0版本

与前提。工业互联网以三大体系为基础，着力构建三大优化闭环，即面向机器设备运行优化的闭环，面向生产运营决策优化的闭环，以及面向企业协同、用户交互与产品服务优化的全产业链、全价值链的闭环，并进一步形成智能化生产、网络化协同、个性化定制以及服务化延伸等四大应用模式。

《工业互联网体系架构》1.0版本自发布以来，在凝聚中国政产学研用各界共识，指导技术研究、产品开发、实践应用、产业发展、生态打造、国际合作等诸多领域发挥了重要作用。

2. 从1.0版本到2.0版本：《工业互联网体系架构》的演进

《工业互联网体系架构》1.0版本发布以来，其概念与内涵已获得各界广泛认同，其发展也正由理念与技术验证走向规模化应用推广。在这一背景下，有必要对其进行升级，特别是强化其在技术解决方案开发与行业应用推广中的实操指导性，以更好支撑中国工业互联网下一阶段的发展。

具体来说，一是提供一套可供企业开展实践的方法论。重点是构建一套由“业务需求—功能定义—实施部署”构成的方法论，使企业能够结合自身业务特点，明确所需要的工业互联网核心功能，进而指导相应软硬件系统的设计、开发与部署。二是从战略层面为企业开展工业互联网实践指明方向。重点是明确企业通过工业互联网实现数字化转型的核心方向与路径，结合企业基础确立商业战略与细分目标，充分发挥工业互联网实践价值，构建企业转型升级优势。三是结合规模化应用需求对功能架构进行升级和完善。重点是从企业工程化应用视角，参考领先的企业实践经验与最新的技术，对工业互联网功能原理进行明确与完善，形成一套实操性更强的功能体系。四是提出更易于企业应用部署的实施框架。重点是强化与现有制造系统的结合，明确各层级的工业互联网部署策略以及所对应的具体功能、系统和部署方式，以便为企业实践提供参考。基于上述四方面考虑，工业互联网产业联盟组织研究提出了《工业互联网体系架构》2.0版本，旨在构建一套更全面、更系统、更具体的总体指导性框架。

在发展和演进的同时，《工业互联网体系架构》2.0版本也充分继承了1.0版本的核心思想。一是2.0版本仍突出数据作为核心要素。二是2.0版本仍强调数据智能化闭环的核心驱动及其在生产管理优化与组织模式变革方面的变革作用。三是2.0版本继承了三大功能体系，考虑到1.0版本中网络、数据、安全在数据功能上存在一定重叠，如网络体系中包含数据传输与互通功能，安全体系中包含数据安全功能，因此在2.0版本中以平台替代数据，重点体现1.0版本中数据的集成、管理与建模分析功能，形成网络、平台、安全三大体系，但功能内涵与1.0版本基本一致。

3.《工业互联网体系架构》2.0 版本

《工业互联网体系架构》2.0 版本（见图 2–7）包括业务视图、功能架构、实施框架三大板块，以商业目标和业务需求为牵引，进而明确系统功能定义与实施部署方式的设计思路，自上向下层层细化和深入。

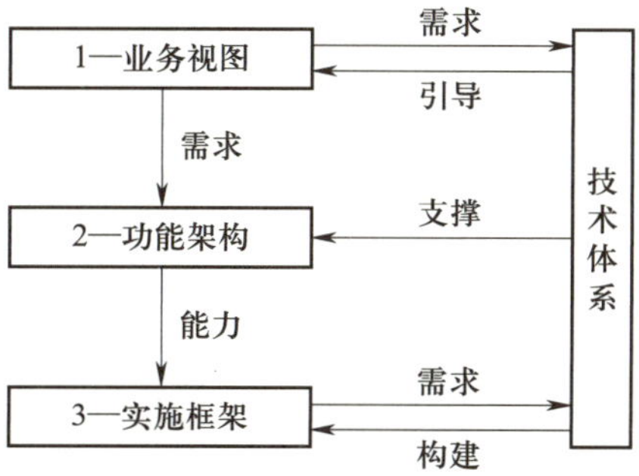

图 2–7 《工业互联网体系架构》2.0 版本

业务视图明确了企业应用工业互联网实现数字化转型的目标、方向、业务场景及相应的数字化能力。业务视图首先提出了工业互联网驱动的产业数字化转型的总体目标和方向，以及这一趋势下企业应用工业互联网构建数字化竞争力的愿景、路径和举措。这在企业内部将会进一步细化为若干具体业务的数字化转型策略，以及企业实现数字化转型所需的一系列关键能力。业务视图主要用于指导企业在商业层面明确工业互联网的定位和作用，提出的业务需求和数字化能力需求对于后续功能架构设计是重要指引。

功能架构明确企业支撑业务实现所需的核心功能、基本原理和关键要素。功能架构首先提出了以数据驱动的工业互联网功能原理总体视图，形成物理实体与数字空间的全面连接、精准映射与协同优化，并明确这一机理作用于从设备到产业等各层级，覆盖制造、医疗等多行业领域的智能分析与决策优化。进而细化分解为网络、平台、安全三大体系的子功能视图，描述构建三大体系所需的功能要素与关系。功能架构主要用于指导企业构建工业互联网的支撑能力与核心功能，并为后续工业互联网实施框架的制定提供参考。

实施框架描述各项功能在企业落地实施的层级结构、软硬件系统和部署方式。实施框架结合当前制造系统与未来发展趋势，提出了由设备层、边缘层、企业层、产业层所组成的层级划分，明确了各层级的网络、标识、平台，以及安全的系统架构、部署方式和不同系统之间的关系。实施框架主要为企业提供工业互联网具体落地的统筹规划与建设方案，可用于进一步指导企业技术选型与系统搭建。

（1）工业互联网的业务视图

业务视图包括产业层、商业层、应用层、能力层四个层次，其中产业层主要定位于产业整体数字化转型的宏观视角，商业层、应用层和能力层则定位于企业数字化转型的微观视角。四个层次自上而下来看，实质是产业数字化转型大趋势下，企业如何把握发展机遇，实现自身业务的数字化发展并构建起关键数字化能力；自下而上来看，反映了企业不断构建和强化的数字化能力将持续驱动其业务乃至整个企业的转型发展，并最终带来整个产业的数字化转型。工业互联网业务视图如图 2–8 所示。

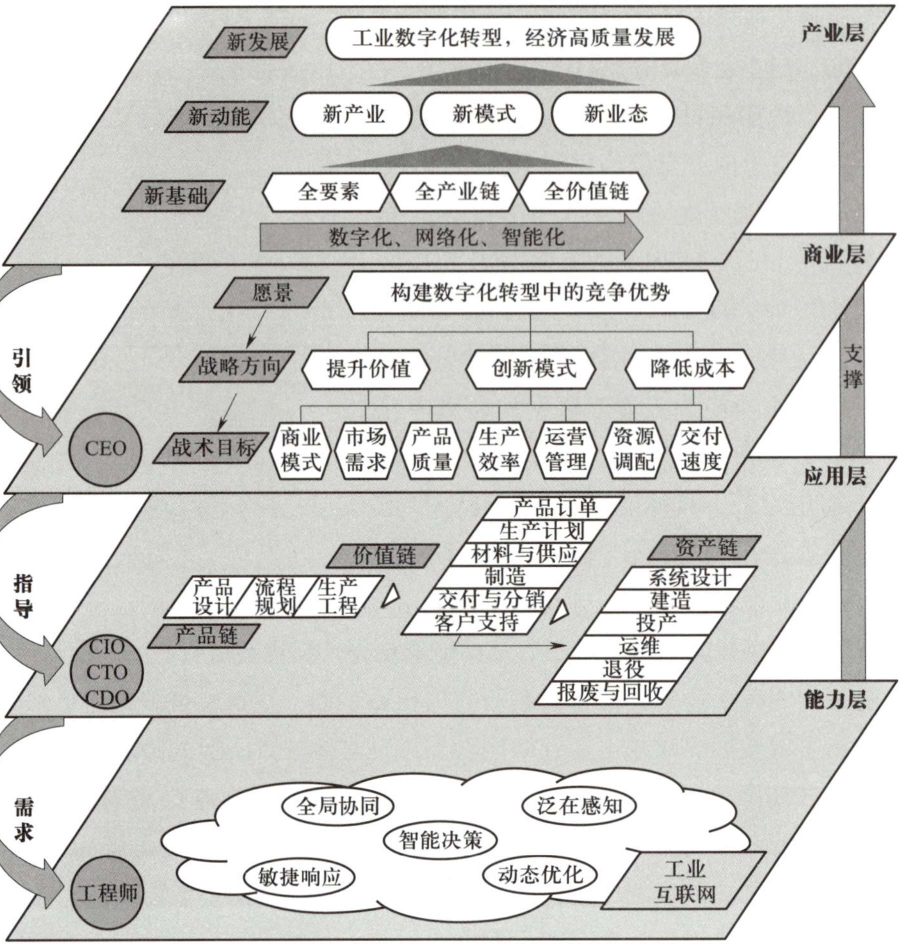

图 2-8　工业互联网业务视图

（2）工业互联网的功能架构

1）工业互联网核心功能原理。工业互联网的核心功能依托于数据驱动的物理系统和数字空间的全面互联与深度合作，以及在此过程中的智能分析与决策优化。通过网络、平台、安全三大功能体系构建，工业互联网将设备资产、生产系统、管理系统和供应链条连接起来，依靠数据集成分析实现了 IT 与 OT 的融合和三大功能体系的连接。工业互联网以数据为核心，数据功能体系主要有三个基础层次：感知控制、数字模型、决策优化，以及一个由自下而上的信息流和自上而下的决策流构成的工业数字化应用优化闭环（见图 2–9）。

在工业互联网数据功能原理（见图 2–10）中，感知控制层构建工业数字化应用的底层“输入—输出”接口，包含感知、识别、控制和执行四类功能。感知是利用各类软硬件采集蕴含资产属性、状态及行为等特征的数据，例如用温度传感器采集电机运行中的温度变化数据。识别是在数据与资产之间建立对应关系，明确数据所代表的对象，例如需要明确定义哪一个传感器所采集的数据代表了特定电机的温度信息。控制是将预期目标转化为具体控制信号和指令，例如将工业机器人末端运动转化为各个关节处电机的转动角度指令信号。执行则是按照控制信号和指令来改变物理世界中的资产状态，既包括工业设备机械、电气状态的改变，也包括人员、供应链等操作流程和组织形式的改变。

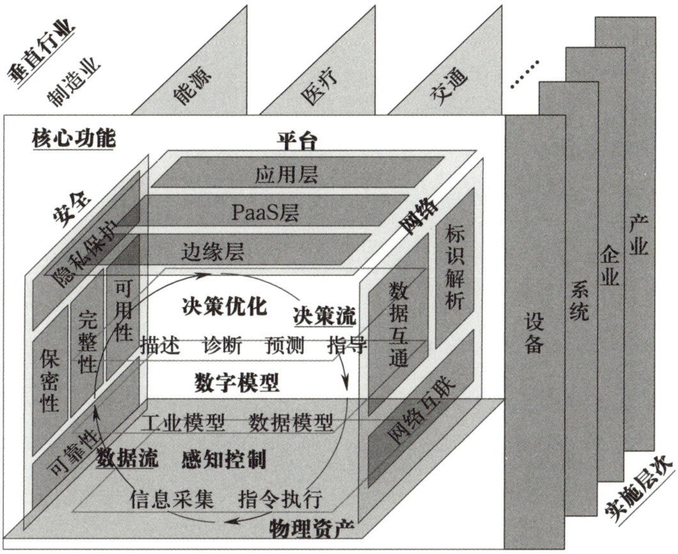

图 2-9 工业互联网功能原理

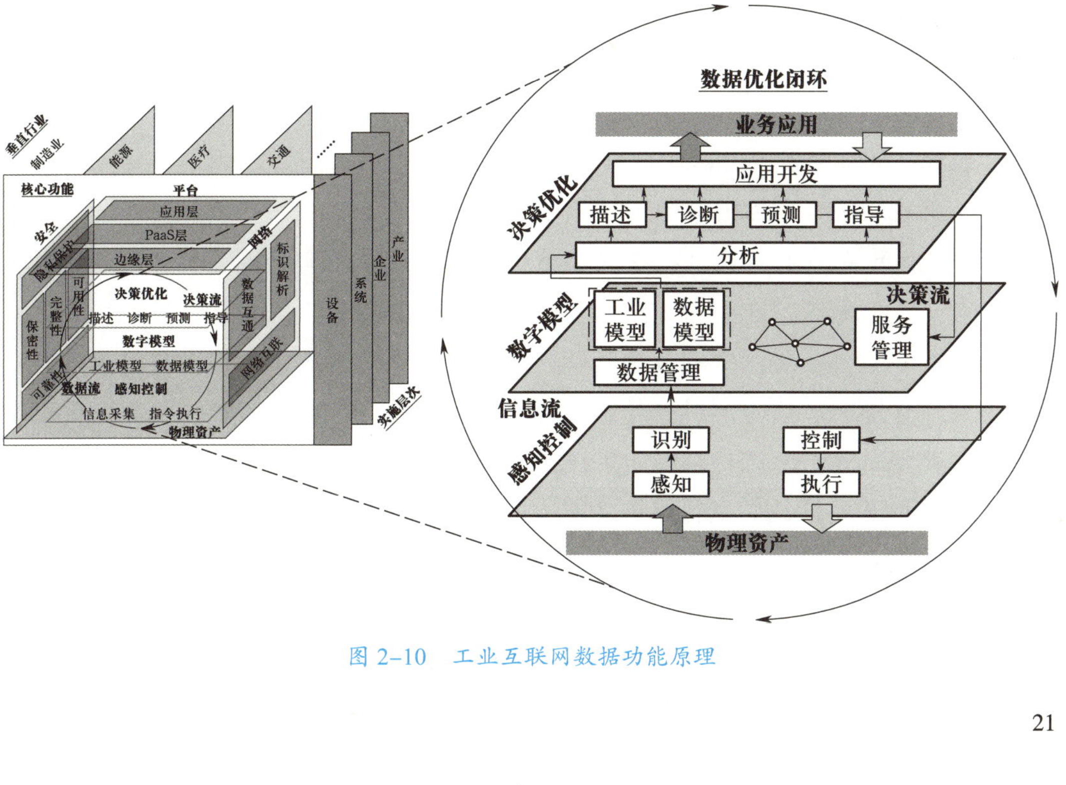

图 2-10 工业互联网数据功能原理

2）工业互联网网络功能。工业互联网网络体系由网络互联、数据互通和标识解析三部分组成。网络互联实现要素之间的数据传输，数据互通实现要素之间传输信息的相互理解，标识解析实现要素的标记、管理和定位。

①网络互联。即通过有线、无线的方式，将与工业互联网体系相关的人机物料以及企业上下游、智能产品、用户等全要素相连，支撑业务发展的多要求数据转发，实现端到端的数据传输。网络互联按照协议层次自下而上可以分为多模式接入、网络层转发和传输层传输。

②数据互通。数据和信息在各要素间、各系统间的无缝传递十分重要，它能够让异构系统在数据层面互相“理解”，数据互通可以满足这一需求，进而实现数据互操作与信息集成。数据互通包括应用层通信、信息模型和语义互操作等功能。

③标识解析。标识解析提供标识数据采集、标签管理、标识注册、数据处理和标识数据建模功能。标识数据采集通过标识读写和数据传输来实现标识的识读和数据预处理功能。标签管理可以实现载体数据信息的存储、管理和控制功能，针对不同行业和企业，提供符合需求的标识编码形式。标识注册能够标识责任主体信息，解析服务寻址信息、对象应用数据信息等，并对该注册数据进行存储、管理和维护。数据处理可以根据不同的业务场景实现不同的数据处理过程，该功能主要是对采集后的数据进行清洗、存储、检索、加工、变换和传输。标识数据建模根据统一标识建立对象在不同信息系统之间的关联关系，提供对象信息服务。

3）工业互联网安全功能视图。为解决工业互联网面临的网络攻击等新型风险，确保工业互联网健康有序发展，工业互联网安全功能框架充分考虑了信息安全、功能安全和物理安全，聚焦工业互联网安全的主要特征，包括可靠性、保密性、完整性、可用性以及隐私和数据保护，如图 2–11 所示。

（3）工业互联网的实施框架

1）实施框架总体。工业互联网实施框架是《工业互联网体系架构》2.0 版本中的操作方案，解决“在哪做、做什么、怎么做”的问题。当前阶段工业互联网的实施以传统制造体系的层级划分为基础，适度考虑未来基于产业的协同组织，按设备、边缘、企业、产业四个层级开展系统建设，指导企业整体部署。设备层对应工业设备、产品的运行和维护功能，关注设备底层的监控优化、故障诊断等应用；边缘层对应车间或生产线的运行维护功能，关注工艺配置、物料调度、能效管理、质量管控等应用；企业层对应企业平台、网络等关键能力，关注订单计划、绩效优化等应用；产业层对应跨企业平台、网络和安全系统，关注供应链协同、资源配置等应用。

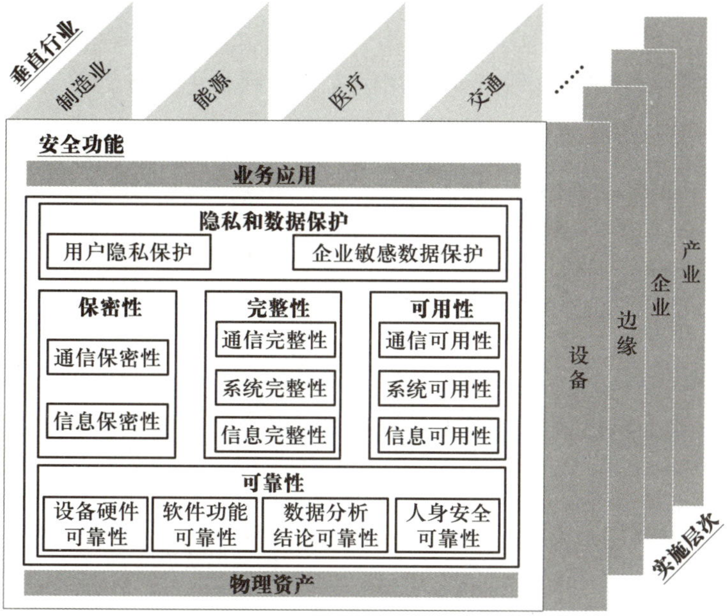

图 2-11　工业互联网安全功能框架

工业互联网的实施重点明确了工业互联网核心功能在制造系统各层级的功能分布、系统设计与部署方式，通过“网络、标识、平台、安全”四大实施系统的建设，指导企业实现工业互联网的应用部署。其中，网络系统关注全要素、全系统、全产业链互联互通新型基础设施的构建；标识系统关注标识资源、解析系统等关键基础的构建；平台系统关注边缘系统、企业平台和产业平台交互协同的实现；安全系统关注安全管控、态势感知、防护能力等建设。工业互联网实施不是孤立的行为，需要四大系统互相打通、深度集成，在不同层级形成兼具差异性、关联性的部署方式，通过要素联动优化实现全局部署和纵横联动。需要注意的是，工业互联网的实施离不开智能装备、工业软件等基础产业支撑，新一代信息技术的发展与传统制造产业的融合将为工业互联网实施提供核心供给能力。

2）网络实施框架。工业互联网网络建设目标是构建全要素、全系统、全产业链互联互通的新型基础设施。从实施架构来看，在设备层和边缘层建设生产控制网络，在企业层建设企业与园区网络，在产业层部署国家骨干网络，部署全网信息互通、互操作体系。

①生产控制网络建设。生产控制网络实施核心目标是在设备层和边缘层建设高可靠、高安全、高融合的网络，支撑生产域的人机料法环全面的数据采集、控制、监测、管理、分析等。

②企业与园区网络建设。企业与园区网络核心目标是在企业层建设高可靠、全覆

盖、大带宽的企业与园区网络。

③国家骨干网络部署。国家骨干网络核心目标是在产业层建设低时延、高可靠、大带宽的全国性骨干网络。工业企业使用国家骨干网络主要分为普通互联网连接和高质量专线连接两类。普通互联网连接是企业通过“尽力而为”的互联网实现最基本的商务、客户、用户和产品联系；高质量专线连接是企业通过基于互联网的虚拟专线、物理隔离专线、5G 切片网络等，实现高可靠、高安全、高质量的业务部署。

④信息互通、互操作体系部署。信息互通、互操作体系部署核心目标是构建从底到上全流程、全业务的数据互通系统。

3）标识实施框架（见图 2-12）。工业互联网标识实施贯穿设备、边缘、企业和产业四个层面，形成了以设备层和边缘层为基础，以企业层和产业层节点建设为核心的部署架构。

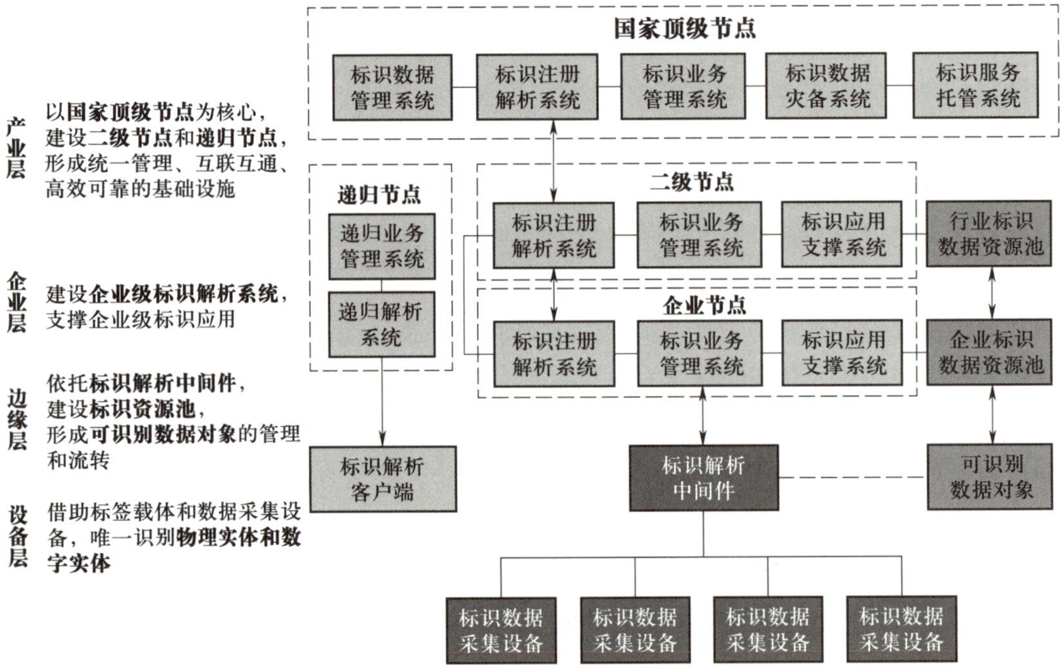

图 2-12 工业互联网标识实施架构

①设备层系统部署。设备层部署实施的核心目的是实现物理资源的数字化，该层是整个标识解析体系可以运转的前提条件。部署实施的关键包括两个方面：一是面对复杂工业场景下不同的被标识对象和种类繁多的标识载体技术，如何对工业互联网标识进行有效适配；二是面对多种多样的标识载体，如何实现标识识别和标识数据的实时采集。

②边缘层系统部署。边缘层部署实施的核心目的是实现对可识别数据对象的有效

管理和流转。部署实施的关键包括两个方面：一是面对各类数据采集设备和通信协议，如何实现数据的实时采集；二是面对复杂的上层工业应用场景，如何建立通用的数据服务模型。

③企业层系统部署。企业层部署实施的核心目的是面向企业实现数据资源的集成优化。部署实施中需要重点关注两个问题：一是由企业设计业务应用模式和敏感数据的暴露程度；二是提升标识注册解析系统与现有工业系统的集成程度，以便更好地支撑上层业务需求。

④产业层系统部署。产业层部署实施的核心目的是面向行业实现工业元素统一运维和管理。部署实施过程中需要重点关注两个问题：一是如何面向产业提供稳定高效的标识解析和数据管理服务；二是如何兼容现有的异构标识解析体系，实现更大范围内的互联互通。

4）安全实施框架（见图 2–13）。安全实施框架体现了工业互联网安全功能在“设备、边缘、企业、产业”的层层递进，包括边缘安全防护平台、企业安全防护平台和企业安全综合管理平台，以及省 / 行业级安全平台和国家级安全平台。

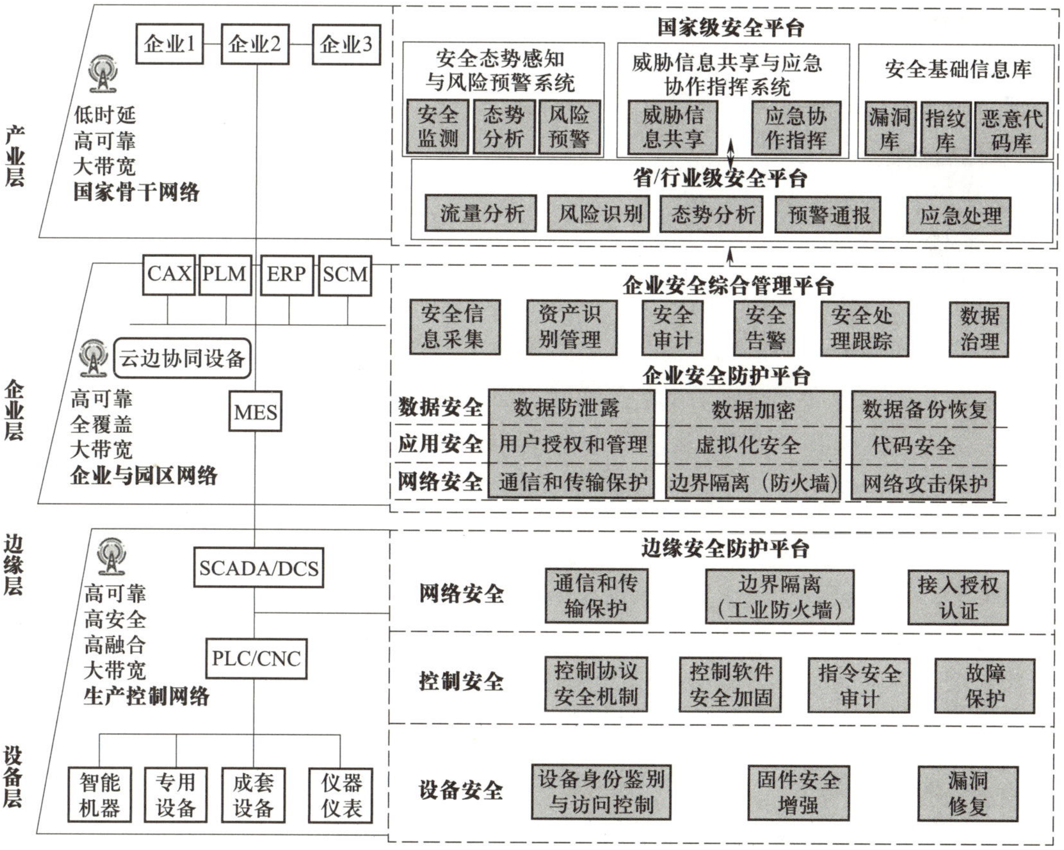

图 2–13　工业互联网安全实施架构

①边缘安全防护平台实施。边缘安全防护平台致力于面向实体实施分层分域的安全策略，构建多技术融合的安全防护体系，从而实现边缘安全防护。部署的关键在于确保工业互联网边缘侧的设备安全、控制安全、网络安全。

②企业安全防护平台实施。企业安全防护平台实施致力于从防护技术策略角度出发，提升企业安全防护水平，降低安全攻击风险。部署的关键在于确保工业互联网企业侧的网络安全、应用安全、数据安全。

③企业安全综合管理平台实施。企业安全综合管理平台实施致力于从防护管理策略角度出发，以安全风险可知、可视、可控作为安全防护体系建设的主要目标，强化企业综合安全管理能力。部署的关键在于对企业网络口及企业内安全风险进行监测，在平台网络出口建设流量探针，实现对企业的安全信息采集、资产识别管理、安全审计、安全告警、安全处置跟踪以及数据治理等功能，并与省/行业级安全平台对接。

④省/行业级安全平台实施。省/行业级安全平台实施致力于通过工业资产探测、流量分析、风险识别、态势分析、预警通报、应急处置等方式保障省/行业级平台安全运行。

⑤国家级安全平台实施。国家级安全平台实施致力于提升国家级工业互联网安全综合管理和保障能力，加强国家与省/行业级安全平台的系统联动、数据共享、业务协作，形成国家整体安全综合保障能力。

三、工业互联网标准体系

1. 工业互联网标准体系框架

工业互联网标准体系可以分为三大类：基础共性、总体和应用，如图 2-14 所示。

2. 工业互联网基础共性标准

基础共性标准主要规定了工业互联网的通用性和指导性标准，其中包括术语定义标准、通用要求标准、架构标准、测试与评估标准和管理标准等。

（1）术语定义标准

术语定义标准明确了工业互联网的相关概念，为其他部分标准的制定提供了支持，包括工业互联网场景、技术、业务等主要概念的定义、分类以及相近概念之间的关系等。

（2）通用需求标准

通用需求标准明确了工业互联网的通用能力要求，包括业务、功能、性能、安全、可靠性和管理等方面的标准。

（3）架构标准

架构标准包括工业互联网体系架构以及各部分参考架构，明确和界定了工业互联网的对象、边界以及各部分之间的相关性。

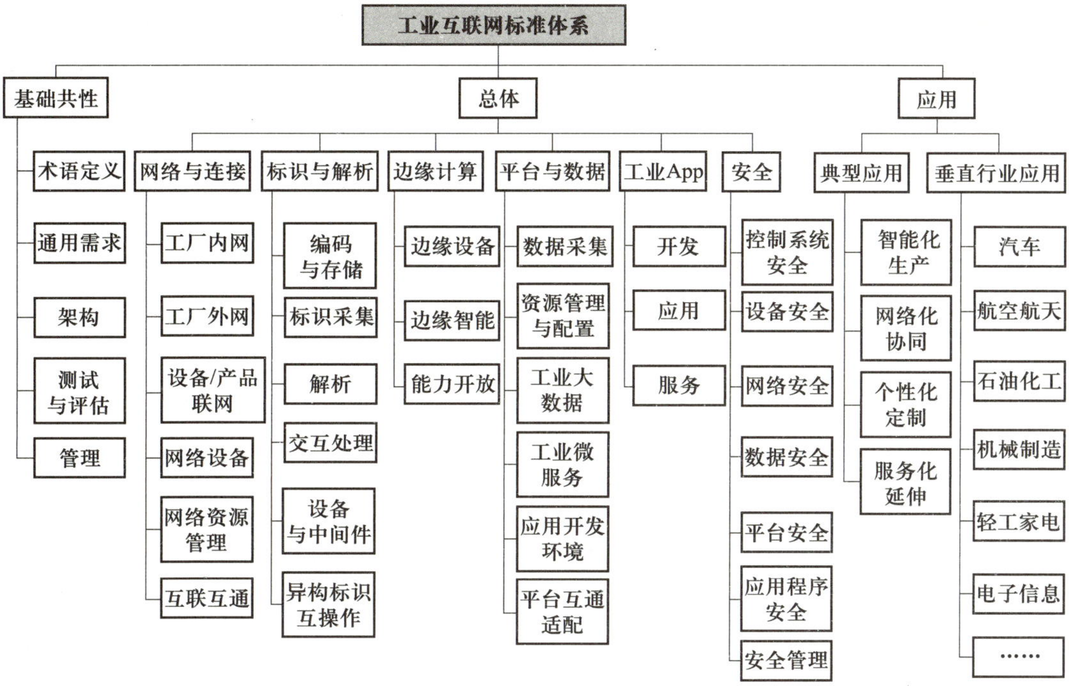

图 2-14　工业互联网标准体系框架

（4）测试与评估标准

测试与评估标准主要规范工业互联网技术、设备 / 产品和系统的测试要求，以及工业互联网应用领域、应用企业和应用项目的成熟度要求，包括测试方法、评估指标、评估方法等。

（5）管理标准

管理标准主要规范工业互联网系统建设及运行相关责任主体以及关键要素的管理要求，包括工业互联网系统运行、管理、服务、交易、分配、绩效等方面的标准。

3. 工业互联网总体标准

总体标准包括网络与连接标准、标识与解析标准、边缘计算标准、平台与数据标准、工业 App 标准和安全标准。

（1）网络与连接标准

网络与连接标准主要包括工厂内网标准、工厂外网标准、设备 / 产品联网标准、网络设备标准、网络资源管理标准和互联互通标准等。

1）工厂内网标准。主要规范工业设备 / 产品、控制系统、信息系统之间的网络互联要求，包括工业以太网、无源光网络（PON）、时间敏感网络（TSN）、确定性网络（DetNet）、软件定义网络（SDN）以及工业无线、低功耗无线网络、第五代移动通信技术（5G）工业应用等关键网络技术标准。

2）工厂外网标准。主要规范连接生产资源、商业资源以及用户、产品的公共网络（互联网、专网、VPN 等）要求，包括基于多协议标签交换（MPLS）、光传送网（OTN）、软件定义网络（SDN）等技术的虚拟专用网络（VPN）标准，以及长期演进（LTE）、基于蜂窝的窄带物联网（NB-IoT）等蜂窝无线网络标准。

3）设备 / 产品联网标准。明确了工业设备 / 产品联网所涉及的功能、接口、参数配置、数据交换、时钟同步、定位、设备协作、远程控制和管理等方面的需求。

4）网络设备标准。明确了工业互联网对所使用的网络设备的功能、性能以及接口等关键技术的需求，包括工业网关、工业交换机、工业路由器、工业基站、工业无线访问等标准。

5）网络资源管理标准。明确了工业互联网对涉及的地址、无线频谱等资源使用管理以及网络运营管理的要求，包括工业互联网 IPv6 地址管理规划和应用标准，用于工业场景的无线频谱资源规划标准，以及工厂内外网络管理等标准。

6）互联互通标准。主要规范跨设备、跨网络、跨域数据互通时涉及的协议、接口等技术要求。

（2）标识与解析标准

标识与解析标准主要包括编码与存储标准、标识采集标准、解析标准、交互处理标准、设备与中间件标准和异构标识互操作标准。

1）编码与存储标准。主要规范工业互联网的编码方案，包括编码规则、注册操作规程、节点管理等标准，以及标识编码的条码、二维码、射频识别标签存储方式等标准。

2）标识采集标准。主要规范工业互联网标识数据的采集方法，包括各类涉及标识数据采集实体间的通信协议以及接口要求等标准。

3）解析标准。主要规范工业互联网标识解析的分层模型、实现流程、解析查询数据报文格式、响应数据报文格式和通信协议等要求。

4）交互处理标准。主要规范设备对标识数据的过滤、去重等处理方法，以及标识服务所涉及的标识间映射记录数据格式和产品信息元数据格式等要求。

5）设备与中间件标准。主要规范工业互联网标识解析服务设备所涉及的功能、接口、协议、同步等要求。

6）异构标识互操作标准。主要规范不同工业互联网标识解析服务之间的互操作，包括实现方式、交互协议、数据互认等标准。

（3）边缘计算标准

边缘计算标准主要包括边缘设备标准、边缘智能标准、能力开放标准三个部分。

1）边缘设备标准。主要规范边缘云、边缘网关、边缘控制器等边缘计算设备的功能、性能、接口等要求。

2）边缘智能标准。主要规范实现边缘计算智能化处理能力技术的相关标准，包括虚拟化和资源抽象技术、实时操作系统、分布式计算任务调度、边云协同策略和技术等标准。

3）能力开放标准。主要规范基于边缘设备的资源开放能力、接口、协议等要求，以及边缘设备之间互通所需的调度、接口等要求。

（4）平台与数据标准

平台与数据标准主要包括数据采集标准、资源管理与配置标准、工业大数据标准、工业微服务标准、应用开发环境标准和平台互通适配标准等。

1）数据采集标准。主要规范工业互联网平台对各类工业数据的集成与接入处理相关技术要求，包括协议解析、数据集成、数据边缘处理等标准。

2）资源管理与配置标准。主要规范工业互联网平台基础资源虚拟化、资源调度管理、运行管理等技术要求，以及工业设备和工业资源配置要求等。

3）工业大数据标准。主要包括工业数据交换、工业数据分析与系统、工业数据管理、工业数据建模、工业大数据服务等标准。

4）工业微服务标准。主要规范工业互联网平台微服务架构原则、管理功能、治理功能、应用接入、架构性能等要求。

5）应用开发环境标准。主要规范工业互联网平台的应用开发对接和运营管理技术要求，包括应用开发规范、应用开发接口、服务发布、服务管理以及资源管理、用户管理、计量计费、开源技术等标准。

6）平台互通适配标准。主要规范不同工业互联网平台之间的数据流转、业务衔接与迁移，包括互通共享的数据接口、应用进行移植和兼容的应用接口、数据及服务流转迁移要求等标准。

（5）工业 App 标准

工业 App 标准主要包括开发标准、应用标准和服务标准。

1）开发标准。用于规范工业 App 参考架构、工业 App 开发方法、工业 App 开发平台等相关的标准。在工业 App 参考架构方面，提出工业 App 的典型分类，并针对工业 App 的不同分类提出工业 App 的参考架构及判定准则；在工业 App 开发方法方面，提出工业 App 的开发方法典型分类（如工业软件云化改造、基于平台原生开发、跨平台移植适配等），并有效规范不同工业 App 开发方法的技术过程及控制要求；在工业 App 开发平台方面，基于开发平台与不同工业资源（如工业软件、制造设备、工业产品等）的适配原则，提出工业 App 开发平台的典型分类，并有效规范不同工业 App 开发平台的应用模式及性能要求。

2）应用标准。用于规范工业 App 的应用需求、应用模式、应用评价等应用特性的相关标准。在工业 App 应用需求方面，有效规范工业 App 的应用主体、组配化环境、建模方法、性能要求等相关要求；在工业 App 应用模式方面，有效规范工业 App 的独立应用及组配化应用模式，并进一步规范工业 App 在组配化应用模式中的应用定位；在工业 App 应用评价方面，针对不同类型的工业 App 及应用模式，有效规范工业 App 评价指标体系及评价方法。

3）服务标准。服务于工业 App 生态建设，用于规范工业 App 的知识产权、质量保证、流通服务、安全防护等相关的标准。在工业 App 知识产权方面，有效规范工业 App 的知识产权确定及保护要求；在工业 App 质量保证方面，有效规范工业 App 在全生命周期不同阶段的质量评价及控制要求；在工业 App 流通服务方面，有效规范工业 App 的定价、交易管理、售后服务管理等有关要求；在工业 App 安全防护方面，有效规范工业 App 的知识安全、数据安全、应用安全等有关要求。

（6）安全标准

安全标准主要包括控制系统安全标准、设备安全标准、网络安全标准、数据安全标准、平台安全标准、应用程序安全标准和安全管理标准等。

1）控制系统安全标准。明确了工业互联网中各种控制系统中的控制软件和协议在安全防护、检测等方面的需求，包括数据采集与监视控制系统、集散控制系统、现场总线控制系统等安全标准。

2）设备安全标准。明确了工业互联网中各种终端设备对设计、研发、生产制造以及运行安全防护、检测等需求，包括数据采集类设备、智能装备类设备等。对于每种类型的终端设备，都包括但不限于设计规范、保护要求、检测要求等标准。

3）网络安全标准。明确了承载工业智能生产和应用的通信网络与标识解析系统在安全防护以及相关网络安全产品检测等方面的要求。

4）数据安全标准。明确了工业互联网数据相关的安全防护、检测及其他技术要求，包括工业大数据、用户个人信息等数据安全技术要求、数据安全管理规范等标准。

5）平台安全标准。明确了工业互联网平台对安全防护、检测、病毒防护等方面的要求，包括针对边缘计算能力、工业云基础设施、平台应用开发环境、微服务组件的安全标准。

6）应用程序安全标准。明确了用于支撑智能制造、网络协同、个性定制等服务的应用程序在安全防护与检测方面的要求，包括支撑各种应用的软件、App、Web 系统等标准。

7）安全管理标准。明确了工业互联网相关的安全管理及服务要求，包括安全管理要求、安全责任管理、安全能力评估、安全评测、应急响应等标准。

4. 工业互联网应用标准

应用标准包括典型应用标准和垂直行业应用标准。

（1）典型应用标准

典型应用标准包括智能化生产标准、网络化协同标准、个性化定制标准和服务化延伸标准。

1）智能化生产标准。主要面向工业企业的生产制造环节，制定通用的业务应用等标准。

2）网络化协同标准。主要面向协同设计、协同制造、供应链协同等场景，制定通用的业务应用等标准。

3）个性化定制标准。主要面向个性化、差异化客户需求，制定通用的业务应用等标准。

4）服务化延伸标准。主要面向产品远程运维、基于大数据的增值服务等典型场景，制定通用的业务应用等标准。

（2）垂直行业应用标准

垂直行业应用标准依据基础共性标准、总体标准和典型应用标准，面向汽车、航空航天、石油化工、机械制造、轻工家电、电子信息等重点行业领域的工业互联网应用，开发行业应用导则、特定技术标准和管理规范，优先在重点行业领域实现突破，同时兼顾传统制造业转型升级的需求，逐步覆盖制造业全应用领域。

四、工业互联网产业模式

1. 工业互联网产业模式的层级

工业互联网衍生出新的产品、服务和不同的商业模式，引发全球产业链的变革。工业互联网对传统设备制造业进行了全新定义，设备销售在商业模式中依然必不可少，然而增值和创新服务显得尤为重要。工业互联网的产业模式由以下三个层面组成。

（1）基本层

基本层即原有产业的优化升级模式，实现从“1”到“10”的量级转化，将数据化、互联网、软件分析等新方法运用到现有工业产品的设计、制造、销售、运行、维护及更换体系中，一定程度上对过程进行优化，从而促进经济效益的提升。

（2）增强层

增强层即跨界融合，发挥“1+1>2”的资源提升效应。高端设备制造商同互联网相连，新的产品、服务以及商业模式就可能随之出现。随着工业互联网新技术的发展，可以把工业互联网公司定义为一种基于互联网的，专门从事某种类别产品、设备及服务制造的商业公司。在互联网介入工业领域后，工业企业可对设计、制造、维护等各环节进行智能管理和资源汇聚，催生新兴的商业模式。

（3）创新层

创新层把工业互联网产业模式创新形容为从“0”到“1”。这种模式突破了企业和行业的原有角色，创造了新的产品、服务和商业模式，促进了产业链的升级改造甚至是产业模式的创新。互联网引入了第三方创新者，打造全新的服务和商业模式，定义出一种创新型工业互联网概念。

2. 基于工业互联网的产业模式创新

工业互联网相关的产业体系初具规模，这不仅将新的思维引入生产系统智能化发展，同时也将其引入了商业系统智能化发展，其创业产业应用模式主要包括智能化生产、网络化协同与个性化定制几个方面。

（1）智能化生产

设备故障、废品返工、用户需求变更、供应商能力变化等一系列问题限制了传统制造业的生产率，部门和生产各环节之间缺乏有效的沟通衔接，导致资金流、物流以及信息流无法顺畅流动。

智能生产利用物联网、大数据及云计算等技术，实现设备、产品、产线、车间与人及信息系统的连接，产品生产制造环节以及各生产要素都被纳入智能网络，通过数据的采集、集成、分析、交互在生产过程中实现自动控制、智能管理和定制生产。为了支撑智能化生产需要重点关注设备互联、流程集成、数据实时分析与制造控制等关键环节中产品、技术和服务的创新应用。

设备互联利用传感器、嵌入式终端等设备和信息通信技术，实现生产设备之间、产品与设备之间、物理系统与互联网平台之间的互联。流程集成是指将产品和设备数据、生产过程数据、经营管理数据在一个智能控制系统中集成，以实现企业内部所有生产环节、运营环节的无缝连接，保证信息流、资金流、物流在各个层次、环节、部门的畅通。数据实时分析与制造控制主要包括生产工艺优化、生产流程再造、智能化生产排程、设备预测性维护、产品生命周期、生产环境等的管控。

以上创新应用将为工业经济提供新的市场机遇、技术机遇和产业机遇，如智能设备、智能车间、智能工厂背后是庞大的智能装备市场，包括传感器、自动化设备、机器人等。同时，作为智能装备核心的工业软件（如企业资源管理计划软件、制造执行系统、产品生命周期管理软件等）也将随之迎来新的发展机遇。

（2）网络化协同

网络化协同的本质是分散形态的生产组织模式创新。通过将企业内部 IT 系统、OT 系统与互联网连接，打破企业的物理和组织边界，使得数据在不同工厂之间、企业与供应链上下游企业之间以及跨供应链间共享，从而将串行工程变成并行工程，实现供应链内及跨供应链间的企业产品设计、制造、管理和商务等全产业链协同，实现资源共享，提高制造效率。

网络化协同贯穿产品的设计，是指充分利用社会创新资源，通过开放网络平台，实现研发设计由企业内部集中控制向企业外部分散控制的转变。网络化协同的模式主要包括云制造和供应链协同。

云制造基于“云计算”理念，在工业设计与制造领域，实现资源与需求的最合理、最高效匹配。云制造整合制造活动中所需的各类制造服务（制造资源和制造能力）形成制造服务云池供用户在线租用；提供制造服务的在线对接交易，实现制造服务的发布、选比、搜索和评价等。

供应链协同通过组织层面的协同，明确供应链上各个企业的分工与责任，实现优势互补和资源整合；通过业务流程层面的协同打破企业界限，通过流程重组更好地满足客户需求；通过信息层面的协同，实现供应链各成员企业运营数据、市场数据的共享，提高对用户需求的响应速度。

（3）个性化定制

个性化定制是指用户为实现自己的个性化需求，直接参与生产过程的生产模式。工业互联网通过智能化生产与网络化协同解决了个性化定制与标准化、规模化工业生产之间的矛盾，实现了生产率和需求满足的同时提升。个性化定制的生产模式主要包括大规模个性化定制、模块化定制和远程定制。

大规模个性化定制把个性化产品定制生产转化为批量生产的生产方式，其中会运用自动化控制、新材料、柔性制造等一系列技术。同时需要有智能化的信息管理系统和生产执行系统支持，使得用户需求可以在设计、制造资源组织、生产排程等各个环节得到快速高效的响应。

模块化定制将复杂的产品设计和生产进行多模块的简单化分解，再由分解后的各个模块集成生产。通过将个性化定制产品中具备相似结构、相近尺寸的部件进行统一，形成有独立功能结构、通用接口的细分模块，再通过模块的变量组合便可产生几十种、上百种的个性化产品，如宜家家居的模块化设计模式。

远程定制运用互联网进行远程设计、异地下单和分布式制造。例如，在家具制造行业中，商家可先获得客户的定制信息，通过云计算进行设计和模拟，然后对设计结果进行反馈修改，最后客户确认产品设计后通过计算机将设计方案发送到相应的制造设备。基于互联网和智能设备能够完成产品建模、制造、测试和其他各项活动。

本章小结

工业互联网对制造业能创造两类价值：挖掘现有制造的价值潜力以提质增效创造价值；开创新的价值空间，使数据、信息和知识成为新的价值创造源泉。同时，工业互联网将企业带入智慧企业阶段。工业互联网总体技术主要是将工业互联网视为一个系统，在工程开展、开发和实施过程中所涉及的集成技术，其中包括工业互联网的体系架构、标准体系以及产业模式等。工业互联网标准体系可分为三大类：基础共性、总体和应用。

本章习题

1. 简述工业互联网的特征。
2. 工业互联网对制造业有哪些积极影响?
3. 简述工业互联网的技术体系。
4. 简述《工业互联网体系架构》2.0 版本的核心理念、要素和功能体系。
5. 简述工业互联网的企业模式。

第三章

TSN 技术

本章知识点

- ➢ TSN 的基本概念与技术特点；
- ➢ TSN 的关键技术；
- ➢ TSN 的安全机制。

第一节　TSN 基础

一、TSN 概念

在信息技术迅猛发展的今天，通信业务的开展早已不仅仅局限于人与人或人与物之间，物与物之间的通信业务量呈爆炸式发展。随着通信业务的开展范围日渐扩大，各项业务对于时间敏感性的要求变得更加严苛。因此，实时以太网的概念被提了出来，这一新概念所覆盖的场景都将确定性时延作为其基础性需求，这些场景包括车辆自动驾驶、智能电网自动化以及工业自动化控制等。传统以太网的控制范围远不能达到上述领域对数据流传输的时延要求。不同行业提出了一些相关标准（如 EtherCAT、HSE 等）并加以应用，以满足不同行业各自的传输需求。但是，这些协议相互之间的兼容性较低，对实时网络的发展形成了阻碍。对于这一关键问题，电气与电子工程师协会（IEEE）802 工作组提出了时间敏感网络（TSN）的概念，以统一各种各样的数据链路层协议。通过将协议标准化，使其拥有在不同的行业和领域内同构运行的能力，保障了实时数据的传输。2019 年，国际电工委员会（IEC）和 IEEE 联合成立了 IEC 60802 工作组，并在日本召开了第一次工作组会议，会议的一项任务就是在工业领域的 TSN 开发中实现底层的互操作。

TSN 相关标准的发布过程如图 3–1 所示。其中，早期使用 IEEE 802.1 Qat 作为网络配置方法，而 IEEE 802.1Qcc 则是于 2018 年底发布的对前者的进化版本。

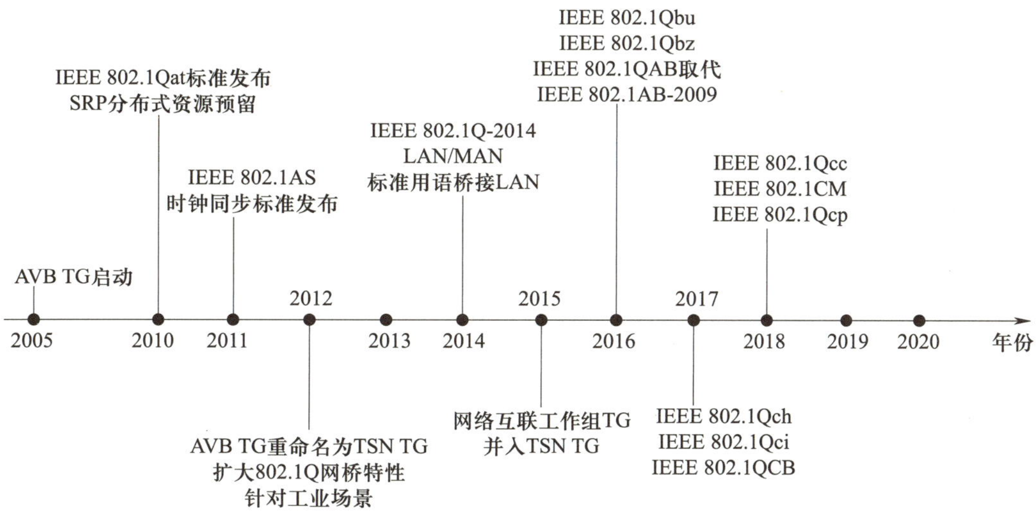

图 3-1　TSN 相关标准的发布过程

二、TSN 相关技术标准

TSN 位于 ISO/OSI 7 层模型中的数据链路层，其作用是处理数据的调度、对以太网数据帧进行封装和分组。从发送方到接收方的数据传输需要经过几个节点，每个节点都有其对应的数据队列和同步时钟。时间同步计算由每一个节点依据分布式时钟进行，数据的优先级需要通过队列来处理，包括快速通道模式和抢占机制等。

从发送端到接收端，TSN 流通常要经历一系列过程，包括流整形、流管理和流完整性检测。输入 TSN 交换机的数据流在流整形过程中通过流识别被重新分配为不同的优先级，并被发送到相应的输出队列中。然后，使用传输选择算法在相应的传输窗口中基于优先级选择输出。流管理用于动态配置网络中的流量，并重新调度新添加的流量或设备。流完整性检测用于确保网络的高容错性和高系统鲁棒性。

TSN 的主要技术标准如图 3-2 所示。

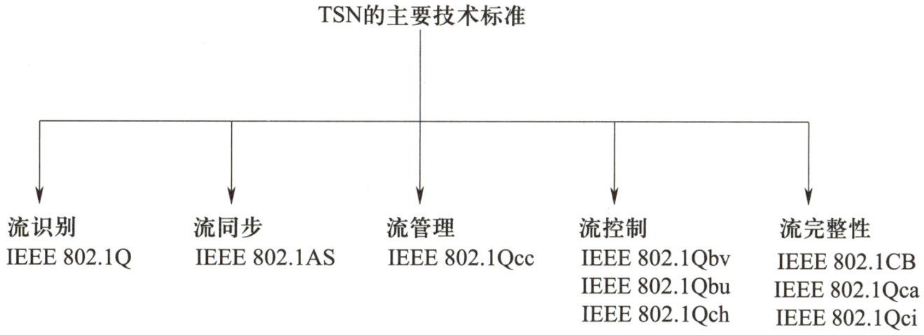

图 3-2　TSN 的主要技术标准

1. 流识别

时间敏感流与其他流在 TSN 设备中必须得到明确的划分，如何鉴别区分这两种流量的基本原理，在 IEEE 802.1Q 标准中有所描述。如图 3–3 所示，TSN 流的标识由以太网帧头中 IEEE 802.1Q 虚拟局域网（VLAN）标签内的优先级代码点（PCP）字段和 VLAN 标识符（VID）所定义。其中，通过与流关联的应用程序分配 PCP 字段和 VID。

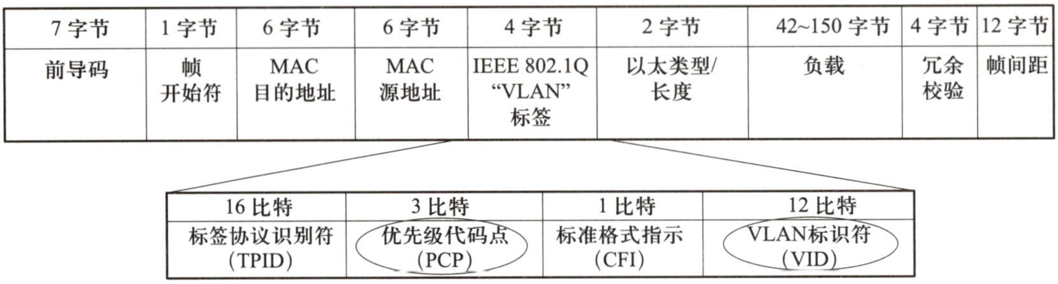

图 3–3　以太网帧结构和 IEEE 802.1Q VLAN 标签

2. 流同步

在 TSN 标准中，全局精准时间同步由 IEEE 802.1AS 所提供。IEEE 802.1AS 标准是 IEEE Std 1588 精确时钟同步协议（PTP）中特定的配置文件，广义精确时钟同步协议（gPTP）便由其所定义。IEEE 802.1AS 标准拥有更加简单明了、容易操作的选项和功能，其可以借由 gPTP 域的时间感知系统之间流通相关时间事件消息的方法来实现网络设备之间的同步。

gPTP 的同步机制与 PTP 相似，是利用最佳主时钟算法在网络中确定一个主时钟，从而建立同步时钟树，然后选择对等路径时延测量办法计算出主时钟端口与从时钟端口之间的时间误差，并以此进行同步。

gPTP 在修订过后的 IEEE P802.1 AS–Rev 中得到了改进，加速了主时钟故障检测的反应时间，使得系统可用性和容错性大大提升。IEEE P802.1 AS–Rev 在网络中提供了冗余主时钟和多个时钟同步路径。即使当前的主时钟出现故障，设备也可通过快速切换至冗余主时钟的途径，降低该故障对网络的影响。除此之外，冗余主时钟与各个网络节点之间的冗余同步路径还能在网络链路乃至网桥断连时依然提供同步时基，每一时刻都可以保证网络的正常运行。

3. 流管理

在时钟同步、调度策略后，TSN 的网络配置问题就成为需要考虑的一项重要课题。在要求严苛的工业应用中，配置方式需要更加简单、易用。然而，对于分布式网络需求与资源分配机制——IEEE 802.1Qat 流预留协议（SRP），任何变化与请求都会导致网络的不稳定和延迟增加，从而导致网络的传输效率降低。因此，TSN 工作组又提供了 IEEE 802.1Qcc 支持集中式的注册与流预留服务，称为 SRP 增强模式。在这种模式下，系统降低预留消息的大小与频率（放宽计时器），以便在链路状态和预留变更时触发更新。

完全集中式的网络管理模型如图 3–4 所示，其中 UNI 是指 IEEE 802.1Qcc 提供了 TSN 应用程序与网络组件之间的用户网络接口。UNI 是 IEEE 802.1Qcc 提供的一套用于全局管理和控制网络的工具，被用来增强 SRP，并由集中式网络配置（CNC）节点作为补充。CNC 与 UNI 交互以提供运行资源的预留、调度，以及其他类型的远程管理协议，如网络配置协议（NETCONF）或表现层状态转换配置协议（RESTCONF）。

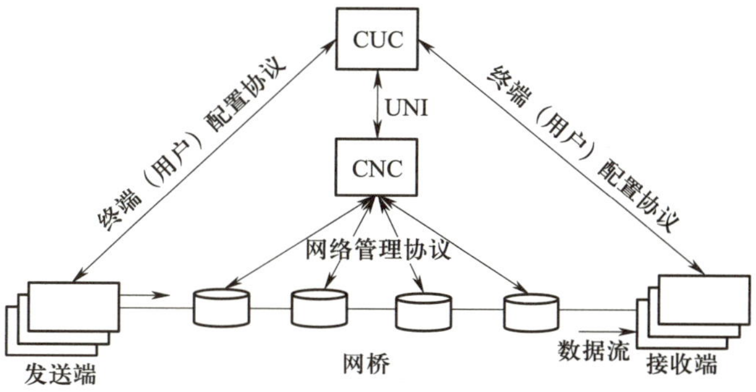

图 3–4　完全集中式的网络管理模型

对于完全集中式网络，可选的集中式用户配置（CUC）节点通过标准应用程序编程接口（API）与 CNC 通信，用于发现终端节点，检索终端节点功能和用户需求，以及配置优化的 TSN 终端节点功能。在网络运行开始前，CUC 会向 CNC 发起对网络物理拓扑的检索请求，CNC 对网络拓扑进行遍历后将检索结果发送回 CUC。CUC 接收到网络拓扑后开始收集各节点对网络资源的需求，如终端设备之间是否要进行通信，TSN 流的周期、大小和时延界限等，并将这些信息发送至 CNC。CNC 根据网络的物理拓扑和网络的具体需求得到每个 TSN 帧的调度表，调度表将被发送至每个网桥。同时调度表还将被 CUC 分发至每个终端设备，而 CUC 还会要求终端设备依据调度表进行数据传输。至此，CUC 和 CNC 分别通过代理的方式完成了网络的配置。当有新的设备加入网络或有新的 TSN 流产生时，依然可以用此方式在网络运行时重新配置。

IEEE 802.1Qcc 是允许集中式管理系统与分布式管理系统并存的，也就是说，IEEE 802.1Qcc 仍然支持原有 SRP 的全分布式的配置模式。

4. 流控制

流控制定义了关键数据流在 TSN 网桥内的处理方式，保证 TSN 流确定性端到端超低时延传输。

5. 流完整性

TSN 可以做到保障关键数据的确定性超低时延传输，而同时关键数据传输的可靠性和安全性也是 TSN 需要关心的问题。导致关键数据传输的中断有网络中恶意参与者的干扰、网络组件或物理链路故障导致的数据分组丢失等。TSN 提供了以下标准以保证关键数据流的完整性。

（1）IEEE 802.1CB 帧复制和消除

与高可用性无缝冗余（HSR）和并行冗余协议（PRP）类似的无缝冗余机制可以经由 IEEE 802.1 CB 中定义的帧复制和消除（FRER）功能来实现，其过程如图 3–5 所示。FRER 的目的是加强给定数据分组的交付能力，并且防止拥塞丢失以及由于设备故障导致数据分组丢失。FRER 在发送端将需要传输的数据帧复制多个副本并生成序列号，然后在不相交的冗余网络路径 A—B—C 和 D—E—F 上传送，依据数据帧的序列号在目的地或者目的地附近（如 B、E）检查并丢弃重复的副本，从而实现无缝冗余传输。

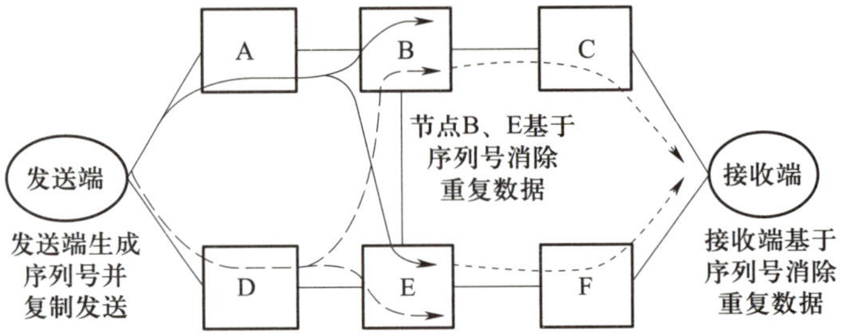

图 3–5　帧复制和消除过程

（2）IEEE 802.1Qca 路径控制和预留

利用中间系统到中间系统（IS–IS）的扩展承载时间同步和调度控制信息，IEEE 802.1Qca 路径控制和预留（PCR）机制为数据流提供显式路径转发控制，并允许使用非最短路径。PCR 为每个流提前设置受保护的路径，预留带宽和冗余，为数据流提供弹性的控制机制。

IEEE 802.1Qca 标准基于最短路径桥接（SPB）协议并结合软件定义网络（SDN）来完成路径控制和预留。位于数据平面的 IS–IS 协议用于发现网络拓扑和计算基本路径等，位于控制平面中的路径计算节点（PCE）用于管理显式路径，PCE 与 SRP 交互以沿着显式路径预留资源。此外，PCE 可以管理显式路径的冗余，从而利用备用路径在现实路径上提供保护和恢复。

（3）IEEE 802.1Qci 逐流过滤和监管

当输入 TSN 交换机的数据帧不符合要求时，不仅会恶化关键数据的传输效果，还可能使网络设备的安全得不到保障。基于规则匹配过滤和监控每个输入设备的流，IEEE 802.1Qci 定义的逐流过滤和监管（PSFP）可减少端点或网桥上发生软件错误的概率，抵御恶意设备和攻击。

PSFP 根据每个数据帧所携带的流识别号和优先级信息来匹配流过滤器，由流过滤器执行 PSFP 操作；流门用于协调所有的流，确定流的服务等级并有序地确定处理流。流计量用于执行流的预定义带宽配置文件，规定最大信息速率和突发流量大小等。PSFP 处理步骤如图 3–6 所示。

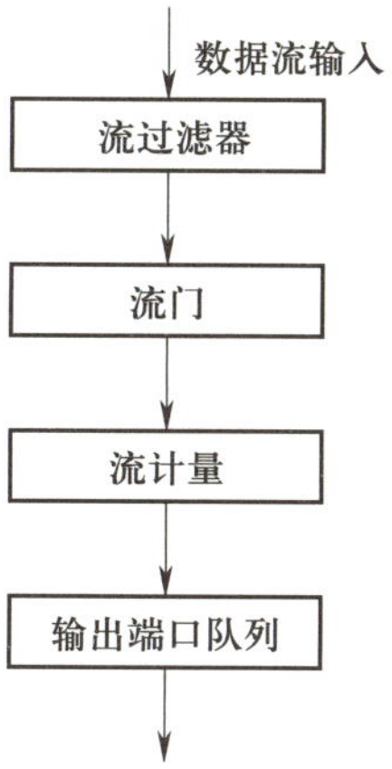

图 3–6 PSFP 处理步骤

第二节 TSN 关键技术

一、高等级的时钟同步

1. 工业领域中的时间同步需求

随着工业领域数字化、信息化、智能化的趋势越来越明显，大量传统应用都对分布式的实时部署提出了新的需求，如运动控制、过程控制、高质量机器视觉、实时数据汇总等。虽然这些场景在终端设备中的应用细节各不相同，但是都要求承载相关流量的网络具有高等级的时钟同步能力。

如图 3–7 所示，在工业领域中，主要有普遍时钟和工作时钟两种同步要求。前者

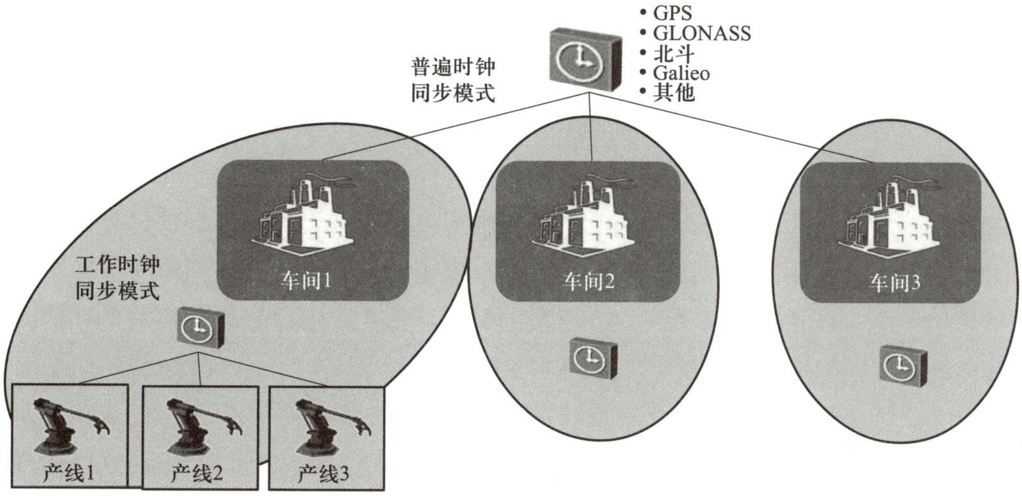

图 3–7 工业网络时间同步架构

主要应用于工厂或车间等较大范围设备之间的时间同步；后者主要应用于生产线、生产单元或机器部件之间的时间同步。

在工厂内部，范围不超过工厂或车间的事件或操作信令通常采用外接时钟作为时钟源。其产线和产线中的生产单元以及设备直接或间接与同一个外接时钟源同步。在这种场景下，同步精度的预期通常不低于 100 μs，并且提供主时钟设备的备份部署以及零停机的支持。

在产线内部或生产模块范围内的时间同步（工作时钟）的精度要求较高，同步精度的预期通常不低于 1 μs，并支持零停机以及备份部署主时钟设备。其应用场景主要是机器人控制、运动控制、数字控制等，因此 PLC、运动控制器以及数字控制器之间的协调控制更多采用工作时钟。

时间同步的同步性能既要与时间同步机制相关，又需要考虑信息处理的时延对时间同步精度的影响。一般来说，网络上的线路传输延时、网络设备逐跳的转发延时以及系统对信息的处理延时是信息通信系统延时的主要组成部分。

时间同步的精度需要得到保障，其方法是在组网方案上通过限制传输距离来限制传输时延。并且还会通过限制跳数（通常情况下，对于一张同步网络跳数的上限为 100 跳）、限制单设备转发效率来降低转发时延。每跳不得有超过 50 ns 的转发时延，不得有超过 10 ns 的传输时延，否则会导致同步机制的运行出错。网络延时的组成如图 3–8 所示。

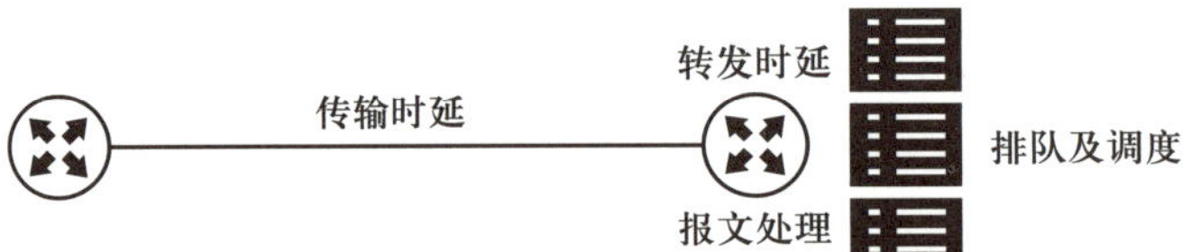

图 3–8　网络延时的组成

2. 技术原理

增强当前第二层以太网网络的特性以及为特定流量提供准确时延的网络传输是 TSN 的重点。目前，IEEE 802.1Q 的 TSN 工作组制定了一系列标准，通过允许部分流量分组先转发、使用门控调度机制清理线路、保留带宽等办法，来保障业务在以太网中的传输性能。在工业网络中，业务流量的时间特征主要通过数据传输周期和网络周期来体现。工业网络业务流量模型如图 3–9 所示。

分布式业务执行的实时性主要取决于应用的执行时间和传输时间，任务执行时间由应用系统本身决定，任务传输时间则包括设备的转发处理时间和网络的传输时间。在 TSN 中，设备对于流量的调度精度主要通过调度周期和门控周期控制。

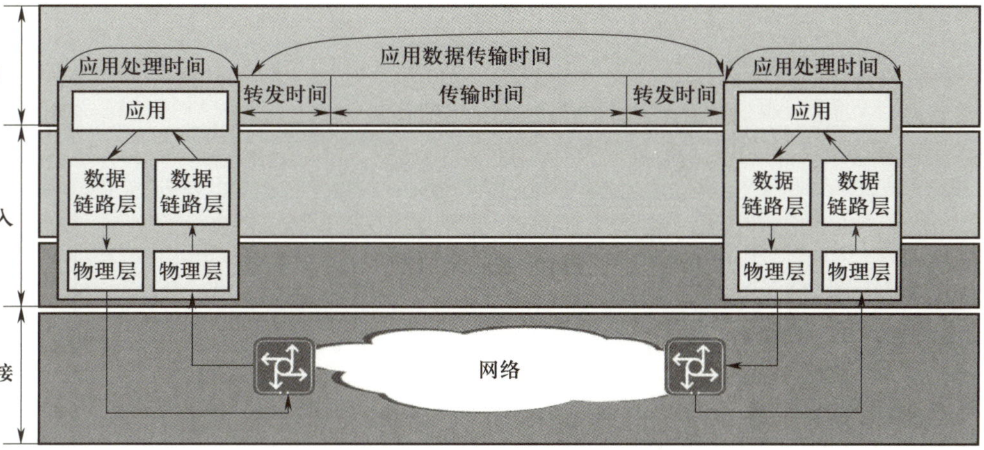

图 3-9 工业网络业务流量模型

在 TSN 中，业务流量对于性能的评判指标不只有时延和抖动，流中的帧可以在确定可知的时间送达是更为重要的指标要求。两项相对成熟的技术——基于 802.1 AS 的时间同步以及基于 802.1Qbv 协议的门控调度机制——为实现这种需求提供了可靠的底层技术基础。这两项技术因其成熟性，被众多设备厂商视作本阶段 TSN 技术研究实现的重点。

在设备中，流量的调度操作发生在设备的网络接入层，因此网络接入层需要同步于一个工作时钟或者一个本地时钟。是否部署了整网联动的精准流量调度模型（如 IEEE 802.1Qbv），是网络转发是否需要时间同步于工作时钟的主要因素。

在 TSN 的协议体系中，新增的 IEEE 802.1 AS 被推荐为 TSN 时间同步的关键协议。gPTP 是一个分布式主从结构，它对所有 gPTP 网络中的时钟与主时钟进行同步。首先，由最佳主时钟算法（BCMA）建立主次关系，分别称为主时钟（CM）和从时钟（CS）。IEEE Std 1588 采用的 PTP 由网络的 L3 层和 L4 层的 IP 网络传输，通过 IPv4 或 IPv6 的多播或单播进行时钟信息分发。而 gPTP 则只在 L2 层工作，嵌入在媒体接入控制（MAC）层硬件中，直接在数据帧插入时间信息，并随着数据帧在网络各个节点之间传输。

快速启动能力也是工业网络所要求的一项特性，要求在较短的时间内完成锁定时钟的任务。gPTP 先做时钟同步（频率对齐），然后对设备和链路时延进行实时测量补偿校准，从而实现工业单元中时间树上桥接节点和端节点的快速时间同步。

gPTP 应用的快速生成树协议（RSTP）是一种网络中的节点路径规划，经过网络配置后可以生成一个最优效果路径。TSN 桥接节点对其进行计算并以表格形式分发给每个终端节点存储。当一个 TSN 节点准备对其他节点发送数据时，会先通过检查此表格，进而计算最短路径，整个网络以最短路径传送至需要接收的节点。IEEE 802.1AS 的时钟结构如图 3-10 所示。

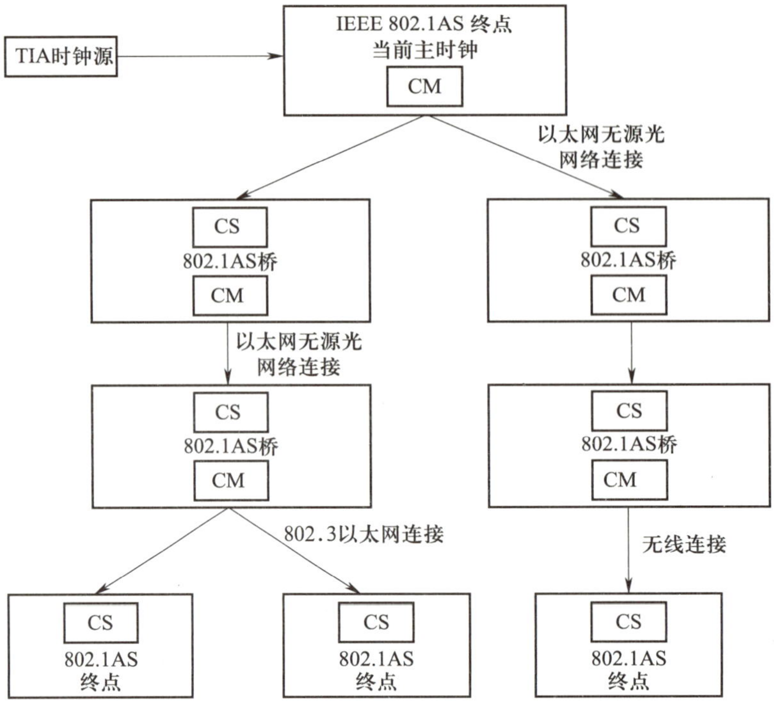

图 3-10　IEEE 802.1AS 的时钟结构

图 3-10 中，最左下方的 802.1AS 端点从上游 CM 接收时间信息。该时间信息包括从超主时钟（GM）到上游 CM 的累计时间。对于全双工以太网局域网（LAN），计算本地 CS 和直接 CM 对等体之间的路径延时测量并用于校正接收时间。在调整（校正）接收时间后，本地时钟应与 gPTP 域的 GM 时钟同步。TSN 也支持交叉通信，每个节点都会有 RSTP 所给出的路径表。

802.1AS 的核心在于时间戳机制。PTP 消息在进出具备 802.1AS 功能的端口时，会根据协议触发对本地实时时钟（RTC）采样，并将自己的 RTC 值与来自该端口相对应的 CM 信息进行比较；利用路径延时测算和补偿技术，将 RTC 值匹配到 PTP 域的时间。当 PTP 同步机制覆盖整个音视频桥接（AVB）局域网，各网络节点设备间就可以通过周期性 PTP 消息的交换，精确地实现时钟调整和频率匹配算法。最终，所有的 PTP 节点都将同步到相同的“挂钟”时间，即主节点时间。在最大 7 跳的网络环境中，理论上 PTP 能够保证时钟同步误差在 1 μs 以内。

IEEE 802.1AS-Rev 则是一种多主时钟体系，主要优势是支持新的连接类型（如 Wi-Fi），改善冗余路径的支持能力，增强 TSN 的主时钟切换时间等性能。

二、更低的端对端延迟及确定性

流控制定义了关键数据流在 TSN 网桥内的处理方式，保证 TSN 流确定性端到端超低时延传输。TSN 通过以下标准为不同的需求场景提供不同程度的确定性低时延传输方案。

1. IEEE 802.1Qbv 排队与转发

TSN 标准的核心是基于全局时间的流量调度，精准时间同步由 IEEE 802.1AS 提供，IEEE 802.1Qbv 则提供了基于服务等级的流量调度，能够避免不同等级流量间的相互干扰，为时间关键的流量提供确定的端到端时延。

时间感知整形器（TAS）是为更低的时间粒度、更为严苛的工业控制类应用而设计的调度机制，目前被工业自动化领域的企业所采用。TAS 由 IEEE 802.1Qbv 定义，是基于预先设定的周期性门控列表（GCL），动态地为出口队列提供开 / 关控制的机制。Qbv 定义了一个时间窗口，是一个时间触发型网络。该窗口在这个机制中是被预先确定的。这个门控列表被周期性地扫描，并按预先定义的次序为不同的队列开放传输端口。出口硬件有 8 个软件队列，每个都有唯一的传输选择算法。传输由门控列表控制，它是多个门控制实体确定软件的开放队列。

时间感知整形器如图 3–11 所示，进入 TSN 交换机的数据流根据其帧头中的信息会被重新赋予优先级并送至输出端口的指定队列，每个队列都有一个控制传输的时间感知门。当门的状态为开（open）时，传输选择算法会在相应的时间窗口根据优先级选择数据流进行传输；当门的状态为关（close）或者当前时间窗口的剩余时间不足以传输整个帧时，则不允许传输。时间感知门的状态由基于 IEEE 802.1AS 的 GCL 指定，GCL 周期性地调度每个队列的流量，并控制每个队列传输时间窗口的长度。

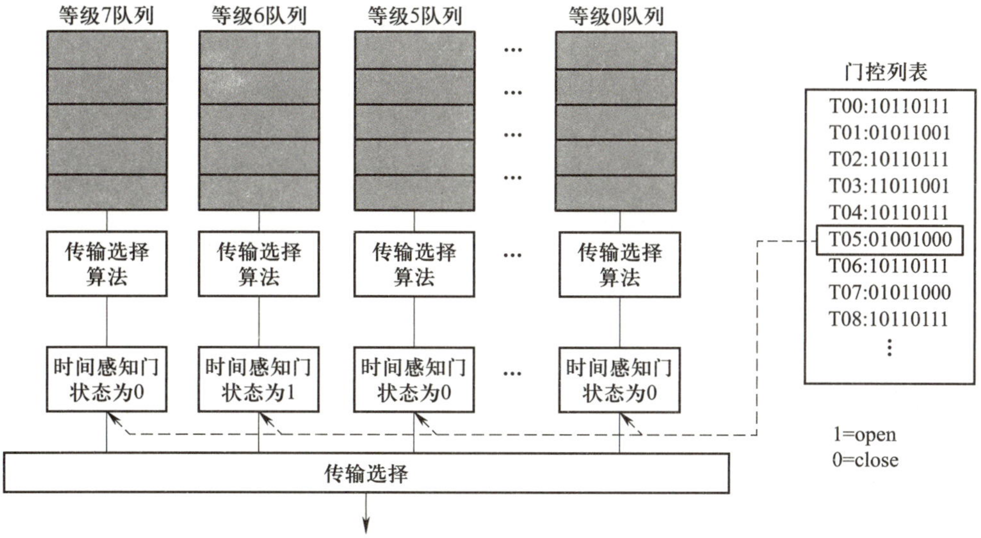

图 3–11 时间感知整形器

为了避免已传输的非关键流量干扰即将传输的关键流量，通常会在非关键流量的时间窗口后加入保护带，保护带的长度为非关键流量中最大帧的传输时间。保护带如图 3–12 所示，在关键流量开始传输时，上一个周期传输的非关键数据帧（干扰帧）还没发送完并占用后续时隙，导致关键流量不能在其传输窗口完成全部的数据传输。加入保护带后，在保护带时间段内不允许非关键帧的传输，从而保证了关键帧的及时传输。

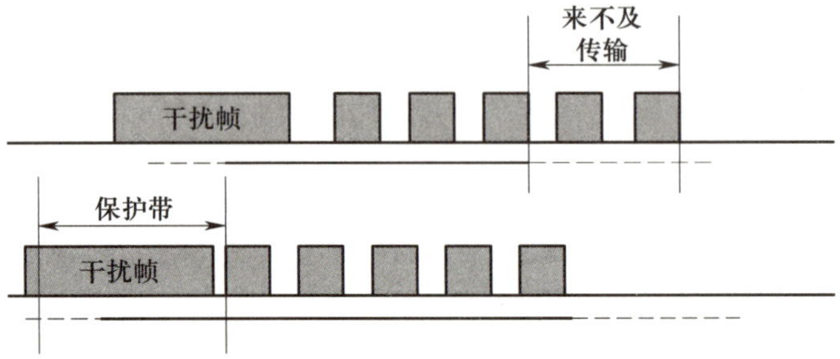

图 3–12　保护带

在 TAS 机制中，为了确保数据传输前网络是空闲的，在整个启动传输前需要设置一个保护带宽。保护带宽占用最大的以太网帧传输长度，以确保最差情况：即使前面有一个标准以太网帧正在传输，也不会让 GCL 在重启下一个周期前被占用网络。

2. IEEE 802.1Qbu 帧抢占

在 TAS 机制中存在以下两个问题：

- 保护带宽消耗了一定的采样时间；
- 低优先级反转的风险。

因此，TSN 的 802.1Qbu 和 IEEE 802.3 工作组共同开发了 IEEE 802.3BR，即可抢占式 MAC 机制。基于可抢占式 MAC 的传输机制如图 3–13 所示。其采用了 802.3TG 中的帧抢占机制，将给定的出口分为两个 MAC 服务接口，分别称为可被抢占 MAC 帧（pMAC）和快速 MAC 帧（eMAC）。pMAC 可以被 eMAC 抢占，进入数据堆栈后等待 eMAC 数据传输完成，再传输。

IEEE 802.1Qbv 虽然能保护关键流量免受其他网络流量的干扰，但不一定带来最佳的带宽利用率和最小的通信时延。在支持 IEEE 802.1Qbu 帧抢占的链路上，允许中断非关键的标准以太网帧或者巨型帧的传输［见图 3–14a）、b）］，并优先传输时间关键帧，然后在不丢弃先前传输的非关键帧片段的情况下恢复传输中断的数据，一个非关键的数据帧可以被多次抢占。在应用保护带机制时，帧抢占能有效减小保护带的最大长度［见图 3–14c）、d）］，缩短信道空闲时间。帧抢占机制在保证关键型数据确定性低时延的同时，也提供了更细粒度的服务质量，提高了带宽利用率。

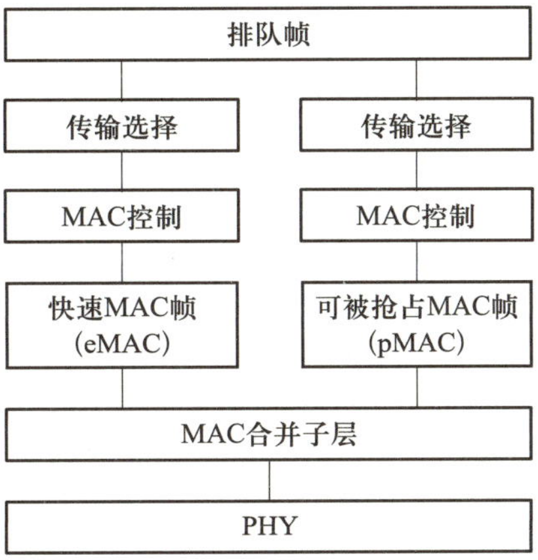

图 3-13 基于可抢占式 MAC 的传输机制

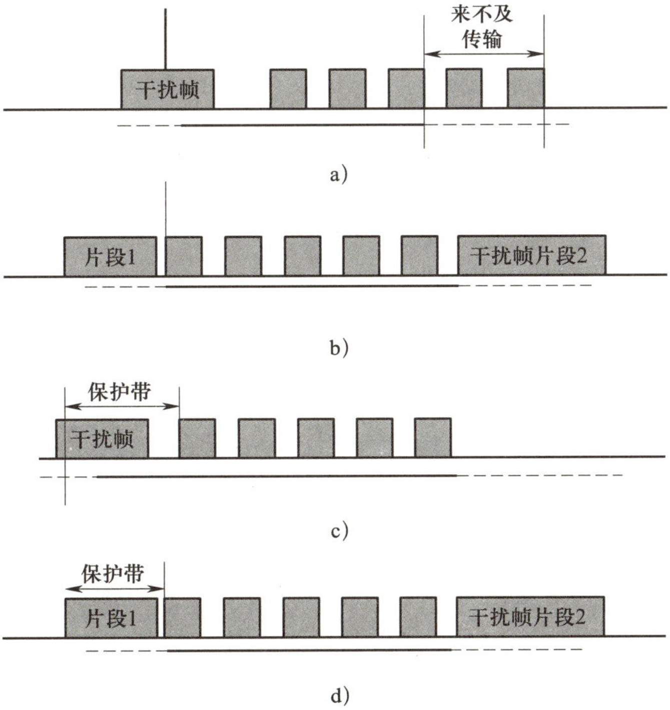

图 3-14 帧抢占

通过抢占，保护带宽可以被减少至最短低优先级帧片段。然而，在最差情况下，低优先级帧片段可以在下一个高优先级前完成。对于抢占式 MAC，交换机需要专用的硬件层 MAC 芯片支持。

3. IEEE 802.1Qch 循环排队和转发

IEEE 802.1Qch 循环排队和转发（CQF）是一种流量整形方法，CQF 循环地协调网桥内关键流量的出队和入队操作，旨在为时间敏感流量提供确定性且易于计算的时延，并实现零拥塞丢失。作为一种同步入队和出队的方法，CQF 使运行允许 LAN 桥与帧传输在一个周期内实现同步，以获得零堵塞丢包以及有边界的延时，并能够独立于网络拓扑结构而存在。

CQF 基于全局的时间同步，以循环的方式在每个传输周期将关键流量沿着其网络路径逐跳传输。非抢占网络中的 CQF 如图 3–15 所示，在每个网桥中，一个传输周期到达的流量会在下一个周期转发至其传播路径上的下一个网桥，依次循环直至到达目的地。循环操作导致帧的网络传输时延完全由周期间隔和通信双方间端到端的跳数来表征，且独立于拓扑参数和其他非 TSN 的流量。为了使 CQF 正常工作，所有数据帧必须严格在其分配的周期内到达或离开指定网桥，以确保实现数据要求的时延范围。为此，CQF 可以结合 IEEE 802.1Qci 和 IEEE 802.1Qbv 确保所有帧保持在确定性时延内并保证在其分配的周期时间内传输。

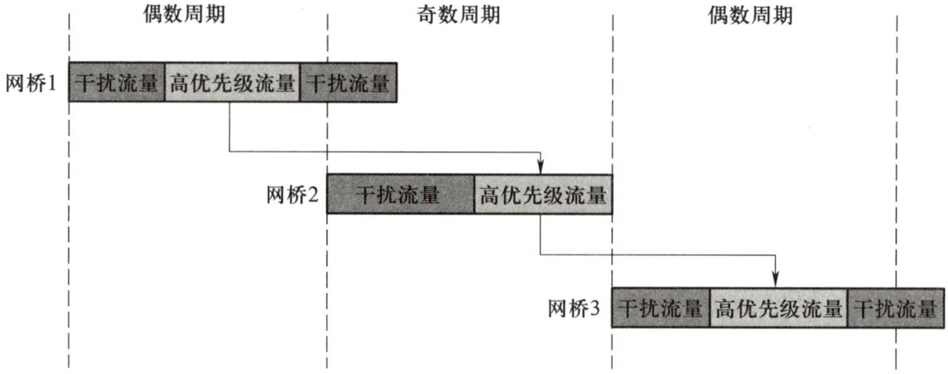

图 3–15 非抢占网络中的 CQF

CQF 与帧抢占 IEEE 802.1Qbu 合并使用，可以缩短完整尺寸帧到最小帧片段的传输周期。为使 CQF 正常工作，必须将所有帧保持在其分配的周期内。因此，需要考虑时间周期，使中间网桥的周期与第一次和最后一次传输的时间都对齐，以确保达到所需的等待时间边界。为此，CQF 结合 Qci 入口策略和 IEEE 802.1Qbv 整形器，可确保所有帧保持在确定的延时范围，并保证在其分配时间内发送。

TSN 工作组提出 IEEE 802.1Qcr 异步数据流整形器（ATS）机制。ATS 基于紧急度的调度器设计。其通过重新对每个跳转的 TSN 流整形，以获得流模式的平滑，实现每个流排队，并使得优先级紧急的数据流可以优先传输。ATS 以异步形式运行，桥和终端节点无须同步时间。ATS 可以更高效地使用带宽，可运行在高速连接应用的混合负载时间。

三、高容错性及高系统鲁棒性

通信网络一般由大量的节点和链路组成，通过无线或有线的方式传播通信数据，因此，网络的长期稳定性与可靠性对于整个通信网络具有重要意义。一个可靠的网络，要能够保证长期稳定正常运转，并且一旦出现故障可以快速恢复。因此，如何提高网络的可靠性是一个重要的研究课题，尤其对于 TSN 来说，时间同步系统的可靠性有着举足轻重的作用。

1. 路径冗余机制

（1）“双域”路径冗余设计

在骨干网设备连接中，通过单一路径进行通信的连接很容易实现，但是这样的网络往往可靠性不高，一个简单的故障就会造成网络中断，所以通常需要添加一些备份路径，提升网络的可靠性。实现网络冗余备份路径上的网桥一般会互相连接，形成一个环路，通过环路形成一个冗余路径。以太网环是最简单的环网冗余拓扑结构，在一个环网中，所有的网络节点都会有左、右两个相邻节点，在典型的冗余环路中，有一个主网桥，主网桥的其中一个端口会被设置为阻塞状态，阻塞状态的端口会阻止以太网数据帧的转发，仅仅允许冗余控制帧的发送。除了主网桥有转发端口和一个拥塞端口外，其余交换节点都只有转发端口。虽然网络拓扑物理上是一个环状拓扑，但实际并没有逻辑回路。

IEEE 802.1AS–Rev 中的时间感知系统具有支持多域的能力，且一个时间感知系统可以同时在双域中处于活跃状态，因此可以通过双域备份的方式，实现同步网络中的路径冗余机制。将需要备份的节点设置为双层节点，使其同时处于双域中，每个域都有一个时间同步树，按照既定的时间同步路径一级一级地发送时间同步消息。将其中一个域设置为域 0（与 IEEE 802.1 AS 协议兼容），即同步网络中的默认域，另外一个域设置为域 1。参考以太网环的实现方式，可以将两个域以环状的形式相互叠加，实现对同步网络的双域备份。

（2）“双域”冗余备份原理

IEEE 802.1AS–Rev 协议采用组播通信的方式，且所有的链路均以全双工模式工作。每经过一个同步周期，主时钟会同时生成两条同步（Sync）消息和分别与这两条消息对应的跟进（Follow_Up）消息，将其中 gPTP 消息公共报文头中的 domain Number 域分别写入 0 和 1，发送给与其相连的主网桥节点。主网桥节点分别按照两个域中的同步路径转发这两条 Sync 消息。在网络正常工作状态下，所有的网桥节点都能收到来自两个域中的同步消息，但是由于节点在两个域中的逻辑拓扑位置不同，因此收到该同步消息的时间也会不同。位于物理拓扑中间节点时，收到两条同步消息的时间相近；位于主网桥节点的邻节点时，收到两条同步消息的时间差最大。

当网桥节点收到两条冗余 Sync 消息中先到达的一条时，处理该消息中的时间信息，利用与其对应的 Follow_Up 中的信息同步本地时钟后继续向下一级节点转发。具体使用基于查阅表的丢弃算法来对重复报文进行处理。假设一个网桥节点有两个端口位于环路中，分别是 A 和 B，每个端口都维护一个查阅表，若一个 Sync 信息到达端口 A，则端口 A 利用该消息 gPTP 公共报文头中的 sequence Id（序列号）和 Domain Number（域编号）信息在端口 B 的查阅表中进行查找。若端口 B 的查阅表中已存在相同的 sequence Id 和不同的 domain Number 的入口信息，说明端口 B 已接收到另一域中该同步消息。于是，端口 A 更新该同步消息后直接转发，不进行本地时钟校正。当一个终端节点收到来自另一个域中重复的同步消息后，直接丢弃。

正常工作时，网桥节点会按照先收到的同步消息进行本地时钟同步，后收到的另一域中的对应同步消息只进行更新和转发。endpoint2（终端实例）会按照第一个接收的同步消息进行时间同步，对于后收到的另一个域中的对应消息直接丢弃。

在同步冗余网络中，当链路发生故障时，该故障路径会使两个域中的同步消息分别从故障发生处断开。

2. 主时钟冗余机制

（1）基于“双域”的主时钟冗余机制

同步网络中的主时钟是所有时间感知系统的时间参考源，一旦主时钟失效，同步系统中的所有节点就会失去与主时钟的同步，开始以各自的频率自由振荡。为了防止这种情况发生，可以通过主时钟备份的方式，为网络中的时间同步系统提供保障。

对网络中的主时钟进行备份，需要在网络中加入额外的时钟作为备份时钟，这个时钟的选取与主时钟采用同样的标准，即时钟质量好、稳定性高，且可以通过外部时钟源来获取标准时间。主时钟备份同样使用“双域”机制，将网络中以不同主时钟为根节点的同步树设置为不同的域。这样，每一个主时钟都有自己的同步路径并位于不同的域中，不同的域在物理结构上相互叠加，但在逻辑结构上互不影响。

因为是不同的主时钟，所以即使性能较好，也可能存在时间偏差。例如，两个主时钟虽然都与外部时钟源相连，但是由于从外部时钟源恢复的时间不会完全相同，因此两个主时钟的时间也会有所不同。为了防止两个有时间偏差的时钟同时作用于一个同步网络中，设置热备份时钟仅仅在主时钟失效后才能同步从节点。

热备份时钟作为主时钟同步树中的一部分，接收主时钟发送的同步消息，但并不校正本地时钟。当主时钟失效后，网络中的所有节点都接收不到主时钟的同步消息，经过 syncReceiptTimeoutTimeInterval 时间（超时时间）后，所有节点都开始与热备份时钟同步。

（2）基于“多域”的双重冗余机制

在一个同步网络中，路径失效与主时钟失效会给网络中的部分节点甚至全部节点的同步造成损害，尤其在 TSN 中，时间同步系统失效会对 TSN 的正常运行产生很大影响。因此，为了保障同步网络的稳定运转，所有节点能够长期高精度地同步，应将同步路径冗余与主时钟冗余相结合进行双重冗余保护，使同步网络具有更高的可靠性。

若同步路径和主时钟同时进行冗余备份，则依然采用环网的形式，使需要备份的网桥节点位于环网中，分别连接主时钟与热备份时钟。其中，主时钟的同步树有两个，分别位于不同的域中。热备份时钟的同步树路径也有两个。

网络状态与工作域的对应关系见表 3–1。

表 3–1 网络状态与工作域的对应关系

网络状态		工作域
主时钟正常	路径正常	域 0 或域 1
	路径失效	域 0 或域 1
主时钟损坏，热备份时钟正常	路径正常	域 2 或域 3
	路径失效	域 2 或域 3

通过这种备份机制，不仅主时钟得到备份保护，每个主时钟还有两个同步域，其同步路径也得到保障，整个同步网络的可靠性得到很大提升。

四、安全机制

TSN 利用 IEEE 802.1Qci 对输入交换机的数据进行筛选和管控，对不符合规范的数据帧进行阻拦，能及时隔断外来入侵数据，实时保护网络的安全，也能与其他安全协议协同使用，进一步提升网络的安全性能。

本章小结

TSN 的提出是为了解决传统以太网的控制范围远不能达到车辆自动驾驶、智能电网自动化以及工业自动化控制等场景对数据流传输的时延要求等问题。TSN 统一了多种数据链路层协议，拥有在不同的行业和领域内同构运行的能力，保障了实时数据的传输。

本章习题

1. 简述 TSN 技术的发展历程及概念。
2. 简述 TSN 的主要标准。
3. TSN 如何实现高等级的时间同步?
4. TSN 流从发送端到接收端经过哪些过程?
5. TSN 如何实时保证网络的安全?
6. TSN 通过哪些机制来实现高容错性和高鲁棒性?

第四章

5G 技术

本章知识点

- 5G 网络的特征；
- 5G 网络的性能指标；
- 5G 的关键能力；
- 满足 5G 关键能力的途径；
- 垂直组网技术。

第一节　5G 愿景

一、5G 总体愿景

移动通信深刻地改变了人们的生活，但人们对更高性能移动通信的追求从未停止。为了应对移动数据流量的爆炸式增长、海量设备连接、各种新的服务和应用场景，第五代移动通信系统（人们常说的 5G），应运而生。

5G 将渗透到未来社会的各个领域，构建以用户为中心的全方位信息生态系统；将使信息突破时空限制，提供卓越的交互体验，带给用户身临其境的信息盛宴；将拉近万物距离，通过无缝融合，方便地实现人与一切的智能互联；将为用户提供光纤般的接入速率、“零”延迟体验、千亿设备的连通性、超高的流量密度、超高的连接密度和超高的移动性等。5G 总体愿景如图 4–1 所示。

二、5G 网络的特征

为了满足未来用户和网络的新需求，5G 被要求具有越来越先进的功能，从而实现无处不在的信息传输。因此，未来的 5G 将是一个广带化、泛在化、智能化、融合化和绿色节能的网络。

1. 广带化

随着终端的快速发展和各种新兴应用的出现，移动业务数据正在快速增长。技术和行业融合发展使得移动互联网行业将继续呈现快速增长的趋势，用户对移动网络带宽

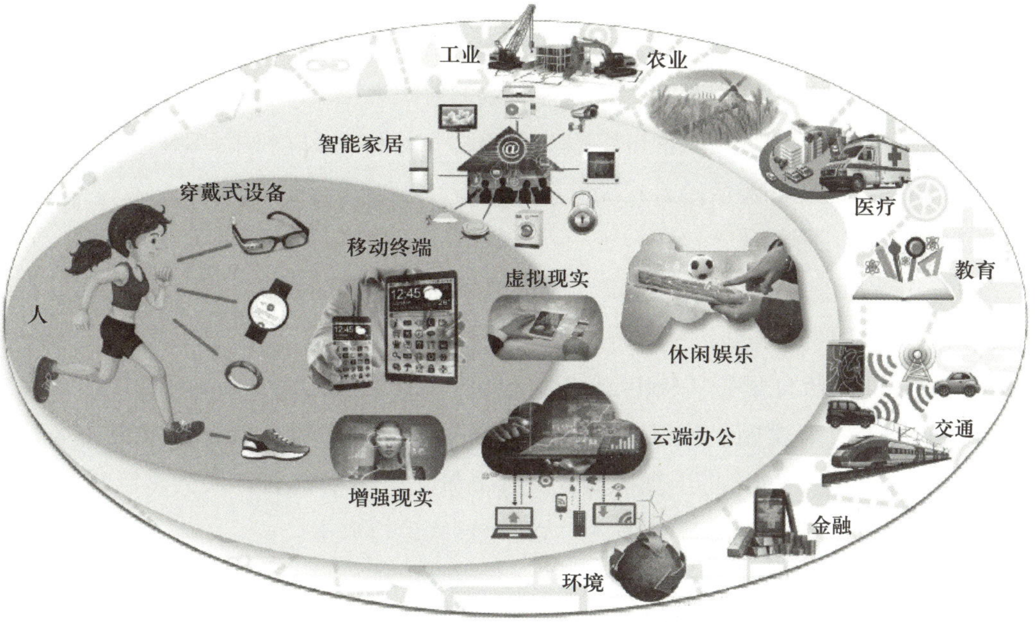

图 4-1 5G 总体愿景

和传输速率将会有着更大的需求。未来几年，移动业务量将呈指数增长。因此，为了满足未来用户和业务的需求，5G 将具有超高的容量。

2. 泛在化

随着移动智能终端的快速发展与普及，许多新兴互联网业务越来越引起人们的关注，如移动超高清视频播放、虚拟现实（VR）、增强现实（AR）等。VR 是一种计算机生成的可交互的三维动态效果，用户借助智能手机和智能可穿戴移动通信设备，在虚拟场景中产生互动的行为，从而达到沉浸式仿真效果。AR 将真实的信息与虚拟世界的信息同时显示出来，这两种信息相互补充、叠加，有效帮助用户感知和理解现实世界。未来，5G 网络的泛在化将满足各类互联网服务的个性化需求，提供无处不在的智能信息服务和连接。

3. 智能化

未来，5G 网络的数据流量和信令流量将呈现爆炸式增长。面对这种挑战，可以通过网络智能实现每比特收益最大化，以及网络资源、用户体验和收益的和谐发展。未来网络的智能化主要体现在频谱、网络架构、网络管理和流量控制等方面。

（1）频谱智能化

目前，中国频谱资源固定分配给不同的无线电部门，频谱资源利用不平衡。因此，未来可以利用新技术智能使用频谱，如利用认知无线电系统（CRS）实时监测电磁环境，寻找空闲频谱，通过动态频谱共享提高无线频谱的利用效率。

（2）网络架构智能化

随着互联网业务指数级的增长以及各种云计算业务的出现，传统网络已经不再适用。软件定义网络（SDN）被视为是一种有效的解决方案。SDN 有控制转发分离、设备资源虚拟化、通用硬件及软件可编程三个特点，在未来可以利用 SDN 改造现有的无线网络，以更加智能和灵活的方式提供新的服务。

（3）网络管理智能化

随着移动通信发展到 LTE 阶段，通信网络变得越来越密集。传统的人工维护不仅工作量大，而且成本高。为了降低网络建设和运维成本，提出自组织网络（SON）功能，其主要包括自配置（Self-configuration）、自优化（Self-optimization）、自愈（Self-healing）三大功能，可以有效提高网络管理效率。目前，SON 功能主要用于 LTE 网络。未来通信网络将出现多制式共存场景，SON 功能将扩展到多制式的研究，这将从更多方面提高管理的智能性，大大降低网络运行成本。

（4）流量控制智能化

网络中有时存在流量分布极不均匀的场景，忙 / 闲流量差异巨大导致网络资源利用率低。电信运营商提出“智能管道”策略，通过“开源”和“节流”来吸引业务量，保证用户体验。对于 LTE 网络部署，也采用了智能管道措施。比如，LTE-Advanced 中的异构网络（HetNet），可以有效提高小区边缘率和平均小区吞吐量，适用于时空流量分布不均衡的情况，可以有效吸收热点的流量。考虑在 LTE 建设过程中引入策略和计费控制（PCC），可以使运营商具有有效完整的移动智能管道控制能力，并以此技术进行有效的调整和平衡数据流量。未来业务的发展将会给网络带来更多的流量，需要智能流量控制来提高网络资源效率。

4. 融合化

随着全球信息产业的发展，5G 将具有更加融合的发展趋势，包括三网融合和多制式网络融合。

三网融合是指电信网、广播电视网和互联网的三网融合。三网融合可以推动业务发展，为用户提供更多便利，但同时也给网络带来了新的挑战。三网融合需要一个扁平透明的网络架构，同时对网络容量的需求也大大增加。三网融合服务的逐步自由化将导致接入网和核心网的流量激增。由于未来 5G 具有超高传输容量、超高容量和超可靠性的特点，将会产生更多的新技术和新的传输模式，这将有助于三网融合的进程发展。

多制式网络融合是指 2G、3G、4G、5G 等多制式网络并存的局面。多制式网络融合可以实现电信网络资源共享，最大化投资利益。2G 和 3G 以语音服务为主，在保证语音业务的前提下可适度承载数据业务，4G 网络则主要承载数据业务。WLAN 是对无线蜂窝网络承载的移动数据业务的重要补充。各制式网络需要相互配合、优势互补，以实现低成本、高效率的协调均衡发展。针对网络服务分布的不平衡，根据网络负载和业务类型动态选择网络，可以提升网络流量的价值。例如，当 WLAN 负载较高而蜂窝网络负载较轻时，可以根据网络负载情况动态选择蜂窝网络承担用户的数据业务，在不影响用户体验的情况下，实现不同网络之间的动态负载平衡。

5. 绿色节能

就移动通信而言，提高通信网络的节能环保性能，建设绿色移动网络，实现与环境的和谐发展，已成为通信行业的共识。目前，基站建设规模逐年扩大，基站年耗电量急剧增加，这不仅带来了巨大的成本负担，也给环境带来了污染。未来，5G 网络中基站之间的距离会更近，异构网络会更加普及。在保证不影响用户感受的前提下，将采用更有效的节能技术，有效降低网络整体能耗，实现绿色环保的移动通信运营。例如，可以利用有源天线技术把有源器件与天线集成一体，实现电磁波的产生、转换、发射和接收。由于有源天线将射频紧密集成到天线中，没有馈线损耗，因此在保证输出功率相同的情况下，功耗更小。基站的射频部分放在塔上自然散热，能有效降低移动网络的功耗，达到环保节能的目的。

第二节　5G 网络性能与技术

一、5G 网络的性能指标

5G 的典型场景涉及未来人们生活、工作、休闲、交通等各个领域，尤其是密集的住宅区、办公室、体育场、露天集会、地铁、高速公路、高铁和广域覆盖等场景。这些场景具有超高流量密度、超高连接密度和超高移动性等特点。在这些场景中，考虑 5G 典型应用（如增强现实、虚拟现实、超高清视频、云存储和车联网等），结合各场景中可能的用户分布、各种业务的比例以及对速率和延迟等的要求，可以得出各种应用场景下的 5G 需求。

5G 关键性能指标主要包括用户体验速率、连接数密度、端到端时延、移动性、流量密度和用户峰值速率，见表 4–1。

表 4–1　　5G 性能指标及其定义

指标（单位）	定义
用户体验速率（bps）	真实网络环境下用户可获得的最低传输速率
连接数密度（km^{-2}）	单位面积上支持的在线设备总和
端到端时延（ms）	数据包从源节点开始传输到被目的节点正确接收的时间

续表

指标（单位）	定义
移动性（km/h）	满足一定性能要求时，收、发双方间的最大相对移动速度
流量密度（bps/km^2）	单位面积区域内的总流量
用户峰值速率（bps）	单用户可获得的最高传输速率

国际电信联盟（ITU）已于2015年6月确认并统一5G系统的性能指标，见表4–2。

表4–2　ITU制定的5G系统性能指标

参数	用户体验速率	用户峰值速率	移动性	端到端时延	连接数密度	能量损耗	频谱效率	流量密度/一定地区的业务容量
指标	100 Mbps ~ 1 Gbps	10 ~ 20 Gbps	500 km/h	1 ms（空口）	$10^6/km^2$	不高于国际移动通信高级移动系统	3倍于国际移动通信高级移动系统	$10\ Mbps/m^2$

二、5G的关键能力

相较4G，5G需要具备更高的性能，支持0.1 ~ 1 Gbps的用户体验速率，每平方公里一百万的连接数密度，毫秒级的端到端延迟等。同时，5G需要大大提高网络部署和运营效率，相较4G频谱效率提高了5 ~ 15倍，能效和性价比提高了100倍以上。

中国移动通信专家们在描绘5G关键能力时画出了一朵“5G之花”，如图4–2所示。每一朵花瓣上都对应着一项性能指标，花瓣的顶点代表对应指标的最大值，浅色

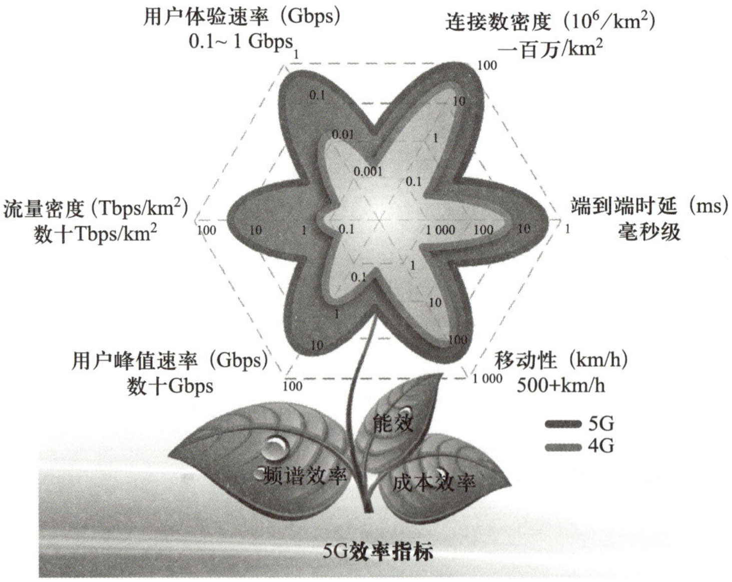

图4–2　“5G之花”

部分为4G具有的性能能力，深色部分为5G需要达到的性能指标。叶子表示效率指标，是5G可持续发展的基本保障。“5G之花”反映了5G满足未来多元化业务和场景需求的能力。

三、满足5G关键能力的途径

5G的愿景和能力主要是由移动互联网和物联网共同激发。通常采用以下三种方法来满足5G的关键能力。

1. 提高系统频谱效率

学术界和工业界一直在努力提高移动通信系统的频谱效率，得益于从模拟到数字的技术革命，2G时代的频谱效率比模拟通信提高了近10倍。然而，随着数字技术的不断发展，频谱效率的提高越来越困难。相比增强型高速分组接入技术（HSPA+），LTE的频谱效率提升很小。为了进一步提高频谱效率，可以从物理层手段、MIMO技术、干扰控制技术三个方面入手。

（1）物理层手段

目前，许多物理层技术（包括高斯最小频移键控（GMSK）、码分多址（CDMA）、正交频分多址（OFDMA）等多址技术，正交相移键控（QPSK）、16QAM（正交幅度调制）、64QAM等调制技术，卷积码、Turbo码等编码技术，语音图像压缩/分组头压缩等数据压缩技术和时分/频分等双工技术）都已逼近香农极限，物理层已经没有太大的挖掘空间。目前，有前途的物理层技术包括非正交传输、滤波正交频分复用、极化码、全双工等。需要承认的是，这些技术带来的复杂度和功耗是巨大的，但是增益却没有显著提升。

（2）MIMO技术

MIMO技术即多输入多输出技术，它将传统的时间、频率、码三个维度扩展为时间、频率、码、空间四个维度，新的维度为提高频谱效率带来了巨大的可能性。目前，被广泛使用的MIMO是2×2 MIMO，未来MIMO技术的演进方向是向更多层、更多用户发展，最终形成网状MIMO。然而，MIMO技术受天线性能和芯片处理性能的限制，成本太高，同时，随着天线数量的增加，空间相关性增加，性能也会下降。

（3）干扰控制技术

干扰控制原理是通过多个基站的信息交互和协作来减少干扰。但是随着干扰控制要求的提高，需要交换的信息越来越多，开销也会增加。同时，干扰控制的性能也受到交互延迟的限制，这也是目前比较难解决的问题。

2. 提高系统带宽

频谱资源是非常紧张的战略资源。根据目前的频谱情况，提高系统带宽的方法有两种：一是充分利用现有频谱，提高现有频谱的使用效率；二是使用更高的频谱，并研究使用的可能性和方案。

通过监测发现，授权无线频谱资源的利用率很低。有的频谱只在某些地区使用，有的频谱只在某段时间使用，有的频谱甚至闲置不用。而且，这些授权频谱所占用的频谱资源多为低频带，具有非常好的传播特性，产业成熟度高，设备实现容易，易带来较高的经济收益。如何更合理地使用这些授权空闲频谱成为一个需要重点思考的问题。通过频谱重耕和智能频谱利用可以实现现有频谱的充分利用。

（1）频谱重耕

频谱重耕是指由于某种原因可以释放部分频谱，可以对使用这类频谱的技术进行再开发。随着数字化的发展，电视已经全面从模拟向数字转换。因为数字化使用的物理层技术效率更高，所需带宽减少，部分频谱闲置。这部分频谱称为“数字红利”或“白频谱”。这部分频谱集中在 470 ~ 790 MHz，非常适合无线通信。除了白频谱以外，2G 频谱也是一种主流的频谱重耕。随着技术的发展和演变，2G 通信逐渐成为一种落后的技术。目前，2G 占用 900 MHz 和 1 800 MHz 频率。如果把用户从 2G 迁移到新的通信制式上去，2G 频谱则可以被重耕。频谱重耕是一个非常简单可靠的方案，但最大的困难是政策风险。因此，这个方案还需要各方的不断推动和共同努力。

（2）智能频谱利用

对于频谱利用率低但未完全释放的频谱，可以采用智能频谱利用方案，使多系统复用频谱，而不是一个系统独占频谱。认知无线电（CR）是一种革命性的智能频谱共享技术，其核心思想是通过频谱感知和系统的智能学习能力，实现动态频谱分配和频谱共享。当 CR 用户发现频谱空洞，使用已授权用户的频谱资源时，必须保证其不会影响已授权用户的通信，当预测到已授权用户要使用频谱时，需要切换到其他空闲频段、改变发射频率或调制方案，以确保原用户系统的可靠运行。

目前，移动通信的频段主要集中在 3 GHz 以下，想要获取更多、更大带宽的频谱资源需要开发更高的频谱。

3. 超密集组网

超密集组网（UDN）是通过更加密集化的无线网络基础设施部署，实现局部热点区域的百倍级容量提升，其关键点是通过小基站密集部署提升空间复用方式。目前，UDN 正成为解决未来 5G 网络数据流量 1 000 倍以及用户体验速率 10 ~ 100 倍提升的有效解决方案。

UDN 可以促使终端在某些区域捕获更多的频谱，更接近各个发射节点，提高了业务的功率和频谱效率，大大提高了系统容量，确保了各种接入技术和覆盖层次之间的业务负载分担。虽然 UDN 可以带来相当大的容量提升，但是它在实际部署中面临着巨大挑战。一方面，随着小区密度的增加，小区间干扰问题变得不可避免。干扰是制约 UDN 性能的最重要因素，尤其是控制信道的干扰直接影响整个系统的可靠性。在真实场景中，如何有效地进行节点协作、干扰消除和干扰协调成为需要解决的关键问题。目前，业界已经提出了一系列方案，如虚拟层技术、小区动态分簇等，但效果皆有待进一步检验。另一方面，用户的切换率和切换成功率是网络的重要绩效指标。随着小区密度的增加，基站之间的距离逐渐减小，这会导致用户的切换次数和切换失败率显著增加，严重影响用户体验。

此外，在未来的室内场景会出现更多的容量需求，因此密集部署的立体分层网络和各种灵活的组网形式将成为趋势。这里的主要技术包括异构网络和 D2D 通信。

（1）异构网络

传统网络结构是具有相同无线传输系统和统一基站类型的同构网络。网络结构的优点是拓扑规则可以提供相同的覆盖范围和相似的服务。然而，随着用户数量和对带宽需求的增加，同构网络也面临瓶颈，无法满足高容量和高覆盖的要求，这就要求网络向立体分层异构网络转型。

异构网络由不同类型和大小的小区组成。微蜂窝（Microcell）、皮蜂窝（Picocell）、飞蜂窝（Femtocell）等低功率节点可以放置在宏蜂窝（Macrocell）覆盖的小区内。此外，异构网络的传输系统和频带使用也存在差异。目前，异构网络已经有了一定的产业基础。在现有网络中，已经部署了一些简单的异构网络，测量结果明显优于同构网络。当然，相对复杂的异构网络也有一些缺点。随着网络部署密度的增加，小区间的干扰会制约系统容量的增长。因此，如何消除干扰、快速发现小区、协调密集小区之间的协作，并根据终端的不同能力改进移动性增强方案，是异构网络研究中需要解决的关键问题。

（2）D2D 通信

在传统蜂窝通信系统的组网方式中，双方之间的信息交换需要通过各自的基站，并通过核心网络相互通信。但是，在海量用户和海量数据的需求下，基站设备和核心网的压力太大。为了减轻网络压力，D2D 通信诞生了。D2D 技术无须借助基站的帮助就能够实现通信终端之间的直接通信，双方直接或通过中继设备（包括其他用户、小站等）传递信息，而不使用核心网络。

由于短距离直接通信的信道质量高，D2D 能够实现更高的数据速率、更低的延迟和更低的功耗。通过广泛分布的终端，D2D 能够提高覆盖范围，实现频谱资源的高效利用。D2D 支持更灵活的网络架构和连接方法，提升了链路灵活性和网络可靠性。目前，D2D 采用广播、组播和单播技术方案，未来将发展增强技术，包括基于 D2D 的中继技术、多天线技术和联合编码技术等。

同样，D2D 通信也存在一些问题。D2D 需要考虑如何进行合法监听，以确保信息安全，并鼓励用户使用自己的终端作为中继终端。由于海量数据的中继和传输，用户终端的电池功耗必然会增加，如何控制也是一个值得研究的问题。这些问题需要业界共同思考和探索。

第三节　5G 工业网络融合组网

一、工业 5G 应用趋势

5G 系统最大的特点是通信的移动性、广域连接以及业务的多样性。它可以实现人与人、人与物、物与物之间的信息交流和操作上的互联互通，让人们随时随地对物进行监控、控制和管理，也可以让物随时随地对人产生影响。

工业互联网是一个可以通过网络互连工业制造领域大多数个性化应用的工业制造系统，是一个可以动态演化的工业生态模型。工业互联网的发展范围很广，涉及的内容很多，对行业的影响可能会超出人们的想象。传统工业互联网只是工业领域包括制造业在内的专用网络系统，属于行业专网。虽然它可以互连整个工业制造系统中的所有网络，共享数据和信息，也可以应用工业大数据和工业私有云，还可以引入 5G 的新技术，但它的网络专业性和私有性限制了其网络应用只能局限在工业制造领域。传统工业互联网缺乏与互联网或无线互联网互联互通的物理渠道和互动平台，无法通过网络与客户沟通，无法为客户提供自由选择的环境。它只能通过网络窗口显示样品供客户选择，仍然是直销的大规模同质化生产订单模式，无法克服传统制造业的生产过剩，无法高效实现满足用户需求的个性化小批量异构生产定制，从而制约了工业互联网的应用潜力。

从通信网络的角度来看，工业互联网的典型要求包括低延迟（毫秒级）和短数据包（小于 102 位）的高可靠性。由于能够提供工业互联网所需的高网络容量和吞吐量以及低延迟，5G 能够很好地协助工业互联网应用。5G 网络利用各种技术，如 UDN、大规模多输入多输出（Massive MIMO）和毫米波（mmWave）等，以提供高速率、大连接数、低时延的通信性能，旨在满足高网络容量、高吞吐量、低时延以及许多其他各种应用的需求。UDN 是 5G 的关键推动力之一，它利用小型基站的密集部署来提高网络容量。UDN 可以连接大量适合工业应用场景的移动设备，如工业互联网大规模部署的传感器和执行器。大规模 MIMO 系统在基站配备了数量众多的发射器天线，甚至可能超过大量服务设备中接收器天线的数量，带来了巨大的性能提升。此外，mmWave 是 5G 中的另一项重要技术，它提供了更高的带宽来改善高吞吐量工业互联网应用程序（如勘测和检查）的通信性能。总而言之，5G 有潜力满足许多工业应用的通信需求。可以预见，5G 系统的研究和商业化将对工业互联网的应用产生积极而深远的影响。

5G 超级智能终端对工业互联网应用的影响最为直接。基于 5G 的超级智能终端计算能力强，存储容量大，操作系统、管理和应用软件功能超强，设备软硬件的标准化和通用性高。由于 IPv6 无限寻址能力的支持和各种标准化终端软件应用的广泛使用，在 5G 网络支持下利用大数据和云计算资源的超级智能终端可以成为工业互联网平台上的远程客户端，可以作为用户随时随地控制工业互联网上工业处理流程的控制台，用户可以随时随地了解工业互联网上机器设备动态信息的观察窗口以及设计个性化产品的创意空间。基于 5G 的超级智能终端方便了用户，也将打造商业时代的工业互联网传奇。

5G 的万物互联功能对工业互联网的影响最为广泛。万物互联功能作为 5G 的重要应用之一，是物联网高度扩展和延伸的应用。将工业互联网的传感和控制信息扩展到移动互联网的广阔空间，使工业互联网获取及利用大数据和云计算资源的范围成倍扩大，为工业互联网制造提供的数据、信息、存储和计算能力也将更加全面、广泛和便捷。

5G 的低延迟控制功能也将对工业互联网产生深远的影响，因为 5G 工业控制基于移动和无线传输，其可靠性、安全性和便捷性不仅可以填补现代工业制造的空白，还可以拓展现代工业制造的应用领域。工业互联网的应用，尤其是大数据和云计算的应用，不仅提高了人们分析数据和处理数据的能力，而且在更大范围内实现了工业设备和工业软件的有效对接以及数据链路的贯通。

5G 从表面上看只是一个移动通信系统，但实际上，5G 将是一个可以极大融合所有通信技术的综合平台，其包容性足以融合工业互联网中的多种技术。5G 平台支撑的工业互联网必然带来跨界融合的新特征，打造大规模个性化定制服务，催生开放式协作、服务型制造等新模式，让新业态得以深度应用和全面推广，生产力再次跃升。5G 环境下的工业互联网将越来越注重个性化需求和多元化服务。工业互联网结合了 5G、人工智能、云计算和大数据分析，通过对物理世界的数字化测绘，对从工业设备状态采集的数据进行分析，优化生产流程，进行主动预测维护，从而提高单位生产率，促进整个工业系统的转型升级。

二、5G 工业应用组网模式

第五代移动通信新无线接入技术（5G NR）标准共包括 R15、R16 和 R17 三个版本，其中 R15 和 R16 标准目前已经冻结并具备基本部署条件。5G NR 标准时间线如图 4–3 所示。

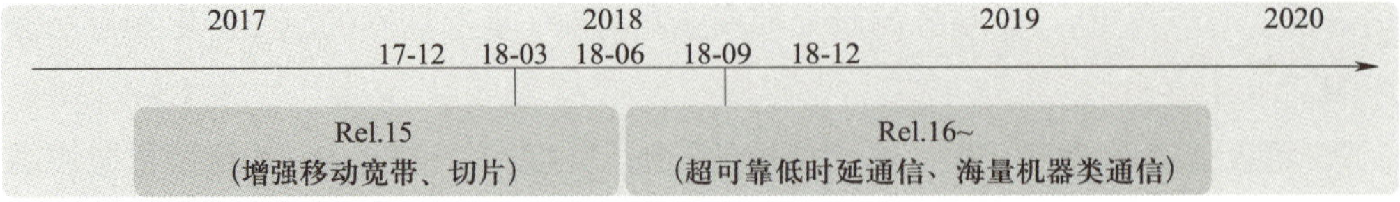

图 4-3　5G NR 标准时间线

R15 是 5G 标准的基础版，专注于支持增强型移动宽带业务和基本的低延迟、高可靠性业务。R16 是 5G 标准的增强版，支持更丰富的物联网和低延迟、高可靠性业务，具备面向工业互联网的接入组网业务需求、网络架构和功能，空口技术增强是这一版本的工作重点。第三代合作伙伴计划（3GPP）系统架构针对工业互联网的标准化工作主要包括新型网络架构、增强的网络功能和新型组网模式三个方面。其中，R15 版本重点完成了新型网络架构和基础功能的标准化，功能增强和新型组网属于 R16 工作内容。表 4-3 整理了 3GPP R16 版本以后已有的部分工业互联网相关标准化立项。

表 4-3　　3GPP R16 版本以后已有的部分工业互联网相关标准化立项

立项名称（英文）	立项名称（中文）	工作组	版本	对应标准文稿
Study on Communication for Automation in Vertical Domains	垂直领域自动化行业的通信业务需求研究	S1	R16	TR 22.804
Service requirements for cyber-physical control applications in vertical domains	垂直领域信息－物理控制应用的业务需求研究	S1	R16	TS 22.104
Study on enhancement of 5G System (5GS) for vertical and Local Area Network (LAN) services	垂直和局域网服务的 5G 系统的增强研究	S2	R16	TR 23.734
Study on enhancement of Ultra-Reliable Low-Latency Communication (URLLC) support in the 5G Core network (5GC)	5G 核心网中的超可靠低时延通信的增强研究	S2	R16	TR 23.725
Study on security enhancements of 5G System (5GS) for vertical and Local Area Network (LAN) services	用于垂直和局域网服务的 5G 系统的安全性增强研究	S3	R16	TR 33.819
Service Enabler Architecture Layer for Verticals (SEAL)	垂直服务使能器架构层研究	S6	R16	TS 23.434
Study on application support layer for Factories of the Future (FotF) in the 5G network	5G 网络中未来工厂应用支持层的研究	S6	R17	TR 23.745
Study on channel modeling for indoor industrial scenarios	室内工业场景的信道建模研究	R1	R16	待定
Study on NR industrial Internet of Things (IoT)	工业物联网新空口研究	R2	R16	TR 38.825

3GPP R16引入了新的组网能力，定义了三种垂直组网技术：时间敏感网络（TSN）、局域网（LAN）和非公共网络（NPN）。其中，TSN提供了基于以太网的确定性网络性能，可作为有线和无线连接的适配方案；LAN实现了各种终端之间或终端与应用之间的点对多点或多点对多点通信；NPN提供了安全隔离的独立组网模式。

1. 5G TSN

TSN与5G分别是未来有线与无线工业互联网的关键技术。TSN与5G融合是构建未来灵活、高效、柔性、可靠及安全的工业互联网的基础。TSN技术与5G无线通信网络技术互为补充、无缝融合，将为未来工业互联网的蓬勃发展奠定坚实的技术基础。5G TSN利用5G网络超低时延超高可靠的特性和确定性时延特性，构建无线TSN网络，其特点如下。

（1）通过使用网络数据、流量感知、服务质量（QoS）等网络技术以提供确定性数据传输。

（2）基于以太网技术的演进和增强，支持IP/IPv6、传输控制协议（TCP）/用户数据报协议（UDP）等互联网协议。

（3）支持DetNet、SDN等技术的数据模型和用于过程控制的对象连接与嵌入（OLE）统一架构应用协议，简化了网络的数据流转流程。

TSN是一种传输延迟有界、传输抖动低、丢包率低的高质量网络实时传输技术。对于TSN的全局时钟控制和传输调度功能而言，5G网络在TSN网络架构中相当于桥接黑盒子，通常称为5GS桥。5GS桥连接示例如图4–4所示。

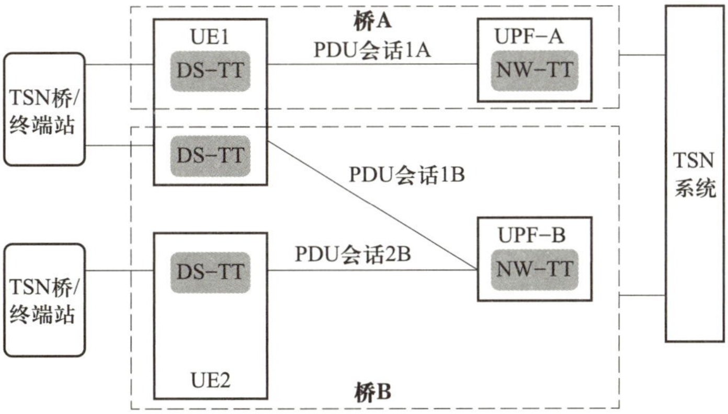

图4–4　5GS桥连接示例

在具体实现上，5GS桥通过设备端TSN转换器（DS–TT）与5G终端连接，控制面TSN应用功能（TSN AF）通过N33对接网络开放功能（NEF），获得网络开放能力，通过N5口与策略控制功能（PCF）连接，配置策略。用户面功能（UPF）通过网络端TSN转换器（NW–TT）与TSN应用连接。

5GS 桥由 TSN 系统管理，5GS 通过 802.1Qcc 和 802.1AB 管理接口向 TSN 系统上报 TSN 桥的拓扑、流量等级、端口优先级等相关信息，并映射实现 TSN 系统发起的 QoS 调度请求。5G 系统与 TSN 系统集成架构示例如图 4-5 所示。

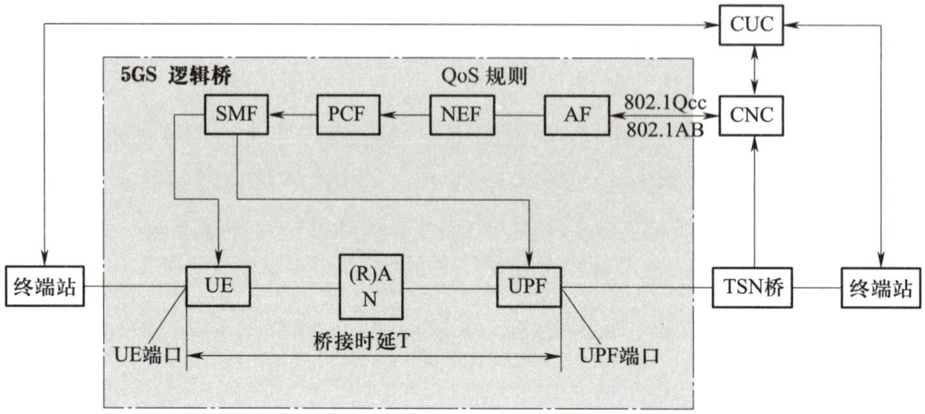

图 4-5　5G 系统与 TSN 系统集成架构示例

TSN 系统的控制器作为 TSN AF，与 5GC 交互控制信息。TSN 集中网络控制器（TSN CNC）通过与 TSN AF 的交互将 5GS 桥的转发关系发送到网络。同时，5GS 提供了一个开放接口，支持 TSN AF 读取和分配 DS-TT 或 NW-TT 端口信息。为了满足 TSN 的性能要求，5G TSN 提供了保证确定性网络通信机制，主要包括定时和时间同步、服务质量映射和保证等功能。时间同步是 TSN 的重要要求。5GS 支持的 TSN 同步包括两个过程：下一代无线接入网（5G）（NG-RAN）的时间同步和桥域的时间同步。NG-RAN 只需根据 5GS 内部时钟进行同步，而桥域的同步需要 5GS 提供桥两端时间敏感网络转换器（TT）之间的传输延迟，并将其加入同步数据包。5GC 定义新的服务质量模型支持 TSN。CNC 通常利用从网络上获得的信息来计算调度路径、确定流量等级和端口等，并进一步确定延时和优先级的要求。TSN AF 将其映射到 5GS 服务质量级别标识符（5GS QCI），并通过策略请求的方式影响网络对对应的流实施保障的具体实现，请求参数包括 MAC 地址、流量级别和 VLAN 标识，以及桥的端口号等。5GS 根据这些参数关联 TSN 对应的协议数据单元（PDU）会话，实现相应的 QoS 策略。为了控制网络传输的抖动，用户设备（UE）和 UPF 提供了保持和前向缓冲机制，支持 802.1Qbv 调度机制。该调度基于分组时延预算（PDB）进行 5GS QoS 保障，以确保分组在其预定传输时间之前到达 NW-TT 或 DS-TT 出口。

TSN 与 5G 融合不可能一蹴而就，将会随着关键技术的突破以及应用场景的需求变化而不断向前演进，为未来工业互联网的逐步部署奠定技术基础。初期以 5G 实现 TSN 功能为主，如何使 5G 具备 TSN 功能是融合首先需要解决的技术难题。包括 TSN

与5G实现精确时间同步的能力、5G实现类似TSN的流调度与资源分配能力、5G实现类似TSN的有界确定时延和抖动的能力等。中期则进入TSN与5G并行部署阶段，5G成为TSN的冗余部署。当5G成为无线TSN时，具备实现无线工业以太网的能力，可以与TSN并行部署，实现有线与无线的冗余部署，可有效提高工业互联网系统的灵活性与可靠性。但是，TSN与5G网络管控等功能尚未完全融合。后期TSN与5G将实现无缝融合，5G与TSN交换机融合。当5G与TSN无缝融合时，可以作为TSN交换机间的无线链路或直接作为TSN交换机系统实现交换功能，融合网络实现统一管控和资源分配。TSN与5G融合成为一个整体，作为工业互联网的完整解决方案。

2. 5G LAN

5G LAN支持在一组接入终端之间构建二层转发网络，通过5G会话管理功能（SMF）和UPF的交互，实现终端组内的数据交换和用户平面路径选择。5G局域网利用了5G网络在覆盖范围、移动性、服务质量、部署成本等方面的优势，其应用特点如下。

（1）终端用户可以随时访问网络，实现基于以太网或IP的P2P数据通信，如企业办公、数据传输等。

（2）可以减少线缆的部署，灵活快速地搭建通信环境。

（3）可以灵活限制终端用户可访问的地理区域。

（4）支持网络连接，确保终端用户在移动场景下的业务连续性。

（5）支持单播、组播、点播的建立。

（6）外网管理员可以通过调用5G网络的开放群组管理能力，实现对接入终端的管理或与固话广域网的互通。

5G LAN提供了一种利用5G网络构建局域网类型服务的技术手段，可以为特定的终端提供IP型或以太网型通信服务。5G LAN综合利用了组管理、移动性管理、动态多播、业务连续性、服务质量保证等，其终端之间的通信可以发生在同一个UPF内，或者跨UPF，或者在UE和数据网络（DN）之间。UPF将为N6接口发送的信息添加或删除VLAN标签。

5GS通过组管理的方式控制终端之间的通信。一组对应一个VLAN，组员由通用公共用户标识符（GPSI）标识。组信息可以由网络管理员创建，也可以由AF通过NEF动态配置或调整。组数据表示对应于组通信的PDU会话信息，包括PDU会话类型、数据网络名称（DNN）、独立网络切片选择标识（S-NSSAI）和应用标识符。为了给AF提供友好的界面，NEF通常会根据配置信息或者从UDM获得的签约信息来映射参数，比如将VLAN用户信息映射到GPSI，将外部组信息映射到内部组信息等。

当PCF从认证管理功能（AMF）获得用户的组信息时，它可以根据组信息生成终端路径选择策略（URSP）并发送给 UE，以便 UE 根据 DNN 等信息建立或选择会话，会话类型可以是 IP 或 Ethernet。在建立会话的过程中，SMF 会根据组内其他在线用户的 PDU 上下文信息生成包检测规则（PDR）和转发行为规则（FAR），并发送给锚点 UPF，让 UPF 控制终端可以互访。5G LAN 支持用户设备移动时的业务连续性。局域网内通信的业务连续性保障，可以通过 5G SSC1、SSC2、SSC3 中的一种实现。

3. 5G NPN

5G NPN 是由 5G 技术构建的专用网络，独立于为公众服务的 PLMN 网络。5G NPN 架构示例如图 4–6 所示。

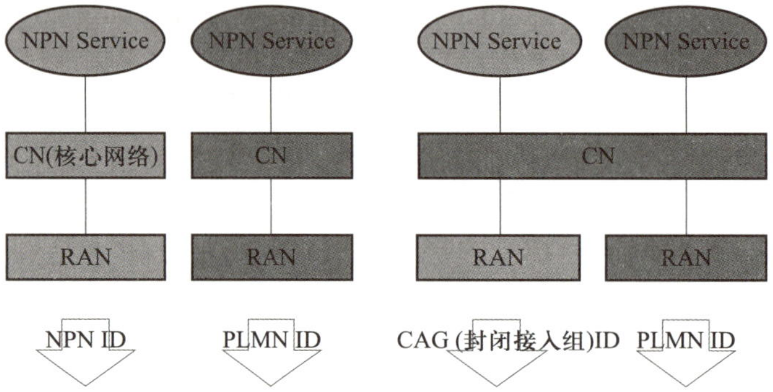

图 4–6　5G NPN 架构示例

5G NPN 提供了一种新的网络部署形式，可以搭建企业移动接入专网，使垂直行业参与和定制移动通信网络的组网模式成为可能。其应用特点如下。

（1）无线接入侧可以限制终端的接入。

（2）可以独立于或基于运营商的网络来构建。无论哪种方式，都可以与运营商的网络进行互访。

（3）支持网络功能和拓扑的定制。

（4）5G LAN 和 5G TSN 等 5G 应用技术可以集成在 NPN 中。

R16 标准定义了独立和非独立组网模式，并定义了相应的识别机制。独立部署的非公共网络（SNPN）不依赖 PLMN 的任何网络功能，采用 PLMN ID 和网络标识符（NID）的组合标识。PLMN 运营商可以重用自己的 PLMN ID，同时使用 NID 区分专网，或者使用专为专网预留的 PLMN ID。SNPN 的无线接入网（RAN）将广播 PLMN ID 和 NPN ID。

SNPN 的 UE 由用户永久标识符（SUPI）识别。用户在 NPN 中的签约信息包括统一接入控制（UAC）信息，SNPN 可以在网络拥塞时阻止 UE 接入。在 SNPN 注册的用户可以通过 SNPN 接入 PLMN 的非 3GPP 互通功能（N3IWF），从而接入 PLMN 的业务。通过 SNPN 访问 PLMN 服务示例如图 4–7 所示。

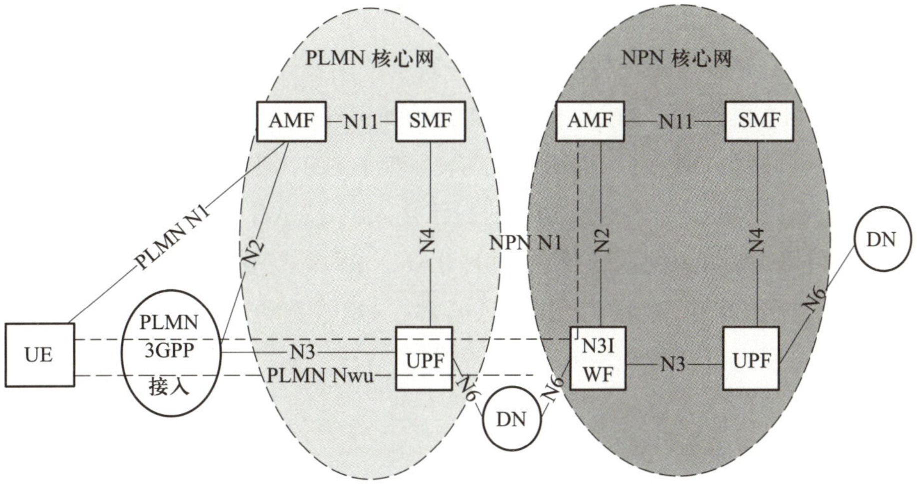

图 4-7 通过 SNPN 访问 PLMN 服务示例

此时，UE 需要同时向 PLMN 注册。对 PLMN 来说，SNPN 相当于不受信任的非 3GPP 接入的角色。对于网络触发的服务质量保证请求，SNPN 根据服务级别协议（SLA）从 NWu 接口的差分服务代码点（DSCP）字段映射 SNPN 要求的 QCI 并执行，并利用 NWu 接口的 N3IWF IP 地址和 DSCP 字段标识设置其包检测过滤器。对于用户设备请求的 QoS，UE 使用与 SNPN 相同的第五代移动通信服务质量标识符（5QI）作为非 3GPP 接入请求互联网安全协议安全关联（IPSEC SA）的 5QI。5QI 是一个标量，用于索引一个 5G QoS 特性。

同样，在 PLMN 注册的 UE 可以通过 PLMN 访问 SNPN，并且 UE 必须通过 PLMN 向 SNPN 注册。通过 PLMN 访问 NPN 示例如图 4-8 所示。

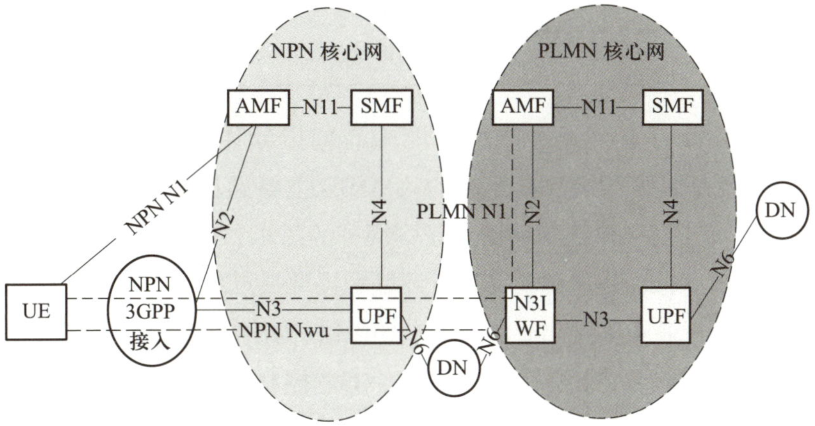

图 4-8 通过 PLMN 访问 NPN 示例

对 SNPN 来说，PLMN 相当于不受信任的非 3GPP 接入的角色。对于网络发起的服务质量保证要求，PLMN 通过 SLA 将 PLMN 需要的 QCI 从 NWu 接口的 DSCP 域映射出来并执行。同时，它使用NWu接口的N3IWF IP地址和DSCP字段标识来设置其包检测过滤器。对于用户设备请求的服务质量，用户设备使用的PLMN的相同5QI是非3GPP接入请求IPSEC SA的5QI。如果NPN公网集成部署，目前可用的方式是把NPN理解为公网的一个或一组切片/DNN。鉴于5GC切片不能限制UE在RAN侧的接入，因此要为NPN划分NPN允许的封闭接入组（CAG）。CAG由一组小区ID组成，UE只能在CAG对应的区域接入NPN RAN。RAN广播PLMN和CAG ID，并基于CAG进行访问选择和控制。CAG信息通常在UE中预先配置，可以通过终端配置更新（UCU）流程进行更新。

三、5G应用场景

1. 5G常规应用场景

随着5G商用脚步越来越近，探索发掘、推广普及5G典型应用成为5G成功商用的关键。2015年9月，ITU正式确认了5G的三大常规应用场景，分别是增强移动宽带（eMBB）、URLLC和海量机器类通信（mMTC），见表4–4。

表4–4 5G常规应用场景

应用场景	性能描述	应用业务
eMBB	更高带宽、更高速率的增强移动宽带	广域覆盖、热点覆盖和大流量业务，如虚拟工厂、高清视频远程维护等
URLLC	超可靠低时延通信业务	网络切片和移动边缘计算应用，如工业自动化控制、自动驾驶等
mMTC	支持海量用户连接的物联网	海量机器类通信，如设备远程激活、实时跟踪、远程监测和数据回传等

eMBB将为移动互联网业务提供前所未有的极致体验。5G指标中，速率达到10 Gbps以上，就是服务于eMBB场景的。eMBB主要满足超高清视频、下一代社交网络、沉浸式游戏、全息视频等移动互联网服务的需求，随时随地为用户提供无缝高速服务（包括小区边缘、高速移动等恶劣环境和局部热点地区）。URLLC和mMTC将满足物联网和垂直行业的多元化应用需求。URLLC为用户提供毫秒级端到端延迟和近100%的业务可靠性保证，主要针对车联网、工业控制和远程手术等垂直行业。这种场景对延时和可靠性要求很高，如果网络不稳定，延时长，网络无法在极短的时间内响应数据，就可能发生严重的交通事故，甚至危及人身安全。mMTC场景下在单位面积内有大量的终端，需要网络支持这些终端同时接入。mMTC主要面向设备远程激活、远程监测、环境监测、智慧农业等以传感和数据采集为目标的应用场景，具有小数据

包、低功耗、海量连接等特点。

5G 移动通信技术的应用趋势将主要体现在万物互联、生活云端化和智能交互三个方面。

（1）万物互联

4G 以来智能家居应用逐渐兴起，但只处于起步阶段。4G 不足以支撑“万物互联”，距离真正的“万物互联”还有很长的路要走，而 5G 的巨大流量则能为“万物互联”提供必要的条件。未来几年，物联网的快速发展与 5G 将有着密不可分的关系。

由于网络条件的限制，很多物联网的应用需求无法得到有效满足，主要包括两大场景：一是大规模物联网连接量大，各终端产生的流量低，设备成本和功耗水平相对较低；二是关键任务的联网要求网络具有高可靠性、高可用性、高带宽和低时延的特点。致力于提供更高速度、更低延时、更大规模、更低功耗的 5G，将能够有效满足物联网的特殊应用需求，从而实现物联网在工业、交通、公共事业等领域的新应用，加速物联网的落地和普及。事实上，在 5G 技术的研发阶段，各种组织已经达成共识，物联网将是 5G 的重要应用场景，也是 5G 部署落地的第一个应用场景。

（2）生活云端化

在 5G 时代，4K 视频甚至 5K 视频都能够流畅实时播放，云技术将得到更好的利用，生活、工作、娱乐都会有“云”，极高的网速也意味着用户可以随时随地将大型文件上传到云端。5G 的移动内容云端化有两个趋势：从传统的中心云到边缘云，再到移动设备云。由于智能终端和应用的普及，对移动数据服务的需求越来越大。为了提升网络访问速度，基于用户感知，应当按需智能推送内容，提升用户体验。因此，开放实时无线网络信息，可以为移动用户提供个性化和上下文相关的体验。在移动社交网络中，流行的内容通常有大量的移动用户在较近的范围内跟随。同时，由于技术的进步，移动设备成为能够提供剩余能力的虚拟资源，从而形成移动设备云。

（3）智能交互

无论是无人驾驶汽车之间的数据交换，还是人工智能的交互，都需要利用 5G 技术巨大的数据吞吐量和效率。由于 5G 的时延只有 1 ms，AR、VR、无人驾驶汽车、远程医疗、智能工厂以及其他需要精确时间和超高速网络速度的应用将在 5G 环境中成为可能，这些应用将改变未来的生活。

2. 5G 工业应用场景

5G 应用于工业领域，其无线化特性可以大大降低工业机器之间的线路成本，同时加强了设备的移动性，提高了生产线的灵活性，从而能够进行模块化生产和柔性制造。5G 的网络部署快，可以在各种场景中平滑切换，降低了工厂的网络部署和维护成本。此外，由于 5G 网络的广覆盖，各种跨区域的协同维护和远程定位变得容易，使得工厂和生产线的建设和改造更加方便，可以大大提高效率、降低成本。与 4G 技术相比，5G 的引入可以很好地解决高时延、低可靠性、低速度、低密度等部署问题。另外，不同的工业生产场景对网络服务质量有不同的要求，一些进程需要低延迟，一些需要高可靠性，一些需要高带宽和高速率，5G 网络切片技术可以在通用的网络平台上根据业务和用户的动态需求进行资源的按需调整，提升网络的灵活性。

5G 在工业领域有着广阔的应用前景，包括工业传感器、AR/VR、云端智能机器人、远程自动化控制和无人驾驶 / 自动配送等。

（1）工业传感器

在工业生产过程中，通常会使用触觉传感器、视觉传感器、力传感器、超声波传感器和听觉传感器等工业传感器对生产过程中的各种参数进行监测和控制，以确保生产环节的正常运行，保证生产产品的质量。在一些对环境敏感和高精度制造的场景下，传感器获得的信息需要很快地传递到系统的执行器以实现生产操作的高精度控制，整个过程要求网络具备非常低的时延和非常高的可靠性，5G 的引入可以很好地解决这个问题。根据生产场景，工厂的生产区域可能存在数万个传感器和执行器，这也需要借助 5G 网络的海量连接能力。

（2）AR/VR

AR/VR 将在未来工业生产过程中起到非常关键的作用，能够帮助减少安全隐患、提高生产率。

VR 技术可以改变以往的人机接口模式，使人能够沉浸在计算机生成的虚拟工厂中，并通过语言、手势等方式进行实时交互，创建全新的多维信息空间。工业领域一直都属于基本密集型产业，很多制造设备价格高昂，如果一些岗位新人在不够熟悉操作流程的情况下就直接在设备上进行操作，很可能会因为操作不当而损坏设备，给企业带来巨大的损失。VR 可针对此类问题，对设备的基本操作、典型缺陷处理、故障分析等模块进行真实模拟，使一线的工作人员能更加安全、准确地掌握各类操作技能。

在工业领域中，可以通过 AR 技术对生产数据进行三维空间（3D）可视化呈现，让数据更加直观地表达机械设备的生产状态，生产人员佩戴 AR 眼镜对生产线设备进行扫描获取生产数据，快速了解生产线的生产状况。VR 数字化虚拟工厂通过虚拟方式构造整条生产线的虚拟仿真，同时打通和现场工业软件的数据协议，打破生产线时空维度的限制，在 VR 环境中调用每台设备的生产数据，实时监控生产线生产状况和预测性维护。

（3）云端智能机器人

机器人若想达到和人一样“聪明”，其“大脑”体积会是人脑的 100 万倍。类似 AlphaGo 等级的处理能力需要一千多个中央处理器（CPU）和一百多个图形处理器（GPU），把它们安装在每个机器人上是不现实的。目前，市场上的人工智能机器人“大脑”普遍装载在机器人本体上，由于机器人硬件空间有限所以“脑容量”很小，这导致机器人能够处理的事物十分有限。而云端智能机器人的“大脑”放置在云端，不受物理空间体积限制，这意味着它有无穷尽的空间来存储数据，处理能力更强，能够完成的功能也更多。

云端智能机器人要求网络将机器人从外部采集的信息实时发送到云，并将云计算的结果实时返回给机器人本体。这一过程对网络的要求很高：第一，需要极低时延，人体神经系统的反应延迟约为 100 ms，机器人要想达到这种响应效果，其在云端的处理时间和网络传输时间之和不能超过 100 ms；第二，需要高带宽，机器人需要两个以上的高清摄像头才能实现 3D 视觉，网络需要为机器人提供 10 Gbps 以上的带宽。5G 网络的特性使得将复杂的处理能力放到云端成为可能，基于 5G 的云端智能机器人通过 5G 网络连接共享云“大脑”，降低了硬件成本和效率。

（4）远程自动化控制

针对煤矿和油田开采等易发生危险的工业生产环节，可将前端开采设备所面临的环境场景实时传输到后端，实现大型设备的远程操作和管理。5G 的低时延特性可以实现这一功能。此外，利用 5G 网络的高覆盖、高可靠性、大容量通信和灵活部署等特点，实现工厂网无盲区覆盖、无缝集成和跨网融合，可精确控制设备移动，远程控制管路阀门，提高生产率和质量。

（5）无人驾驶 / 自动配送

无人驾驶 / 自动配送在导航技术上的升级和系统架构优化，对无线通信在网络延迟、服务可用性、确定性、吞吐量和传输时延等方面提出了更高的要求。5G 网络结合激光定位、视觉定位等导航技术，可以为不同的技术指标分配不同的传输带宽，实现工厂内外的无人驾驶 / 自动配送、智能物流等功能。

本章小结

本章介绍了 5G 网络以及其在工业制造网络化中的应用。5G 将是一个广带化、泛在化、智能化、融合化、绿色节能的网络，为制造企业的网络带来百倍以上的能效和成本效率的提升，是无线接入的重要手段。5G 的三大常规应用场景分别是 eMBB、URLLC 和 mMTC。5G 为工业互联网引入了三种垂直组网技术：5G TSN、5G LAN 和 5G NPN。

本章习题

1. 简述 5G 网络的几个特征。
2. 简述 5G 的关键性能指标。
3. 5G 的三大常规应用场景分别是什么？
4. 什么是 5GS 桥？
5. 5G 的到来将对工业领域产生哪些影响？

第五章

软件定义网络（SDN）

本章知识点

- SDN 的发展历程；
- OpenFlow 在 SDN 中的技术轨迹；
- SDN 的基本架构与工作原理；
- SDN 的流表策略；
- SDN 控制器的核心功能；
- SDN 控制器的体系架构。

第一节　SDN 概述

一、SDN 发展历程

多年来，研究人员建立了一系列大型网络实验基础平台，促进了网络技术的创新发展。2005 年，美国国家科学基金会（NSF）资助启动了全球网络创新环境（GENI）项目。与此同时，为了更好地实现控制与转发分离并加快网络创新，斯坦福大学与 NSF 和几家工业厂商一起，在 2006 年推出了 Clean-Slate 项目，摒弃了传统渐进叠加和向前兼容的原则，旨在重塑互联网。Clean-Slate 最初选择了五个关键研究方向：网络架构、异构应用、异构物理层次技术、安全、经济和政策。自 2006 年以来，斯坦福大学的研究生 Martin Casado 就参与了 Clean-Slate 项目，主要负责名为 Ethane 的项目。此项目的初始目标是提出一种新的企业网络架构，通过集中控制进一步简化模型，并为企业网提供更高的安全性。因此，Ethane 最初的设计目标是允许网络管理员能够定义一个完整的网络安全策略，这些策略将自动发送到每个交换机，以指导网络流量的处理。Ethane 项目最早部署的实验环境由一台控制器和 19 台交换机组成，用于管理 300 个有线用户和一些无线用户的流量。此后，Martin Casado 在 2007 年的 SIGCOMM 会议上发表了一篇关于 Ethane 的论文，引起了学术界的广泛关注。在 Ethane 的系统架构中，控制和转发是完全解耦的，包含了 SDN 的早期思想，为 SDN 技术的发展奠定了基础。

2007 年，Martin Casado 与 Nick McKeown 等人共同成立了致力于网络虚拟化技术创新的公司 Nicira，最早提出了 SDN 的概念。2008 年，Nick McKeown 在 SIGCOMM 会议上首次提出了在校园网中使用 OpenFlow 协议的设想，OpenFlow 正式进入人们的视野，SDN 即将出现。为了简化 Ethane 项目中的交换机设计，提出了 OpenFlow 协议。该协议用于控制控制平面与数据平面的交互，可以将控制与转发完全分离，使交换机专注于转发工作，控制器专注于决策控制。OpenFlow 协议使网络具有更高的灵活性和强大的可编程能力，获得了 2008 年和 2009 年 SIGCOMM 最佳示范奖，为 SDN 的早期发展提供了强大的动力，成为后续 SDN 领域的核心技术。

2011 年初，在谷歌、Facebook 等行业巨头的推动下，开放网络基金会（ONF）正式成立。ONF 致力于推动 SDN 架构和技术的标准化和发展。同年 4 月，斯坦福 Clean-Slate 项目工作组联合其他工作组启动了一项网络开发和部署行动计划，旨在创建一个基于 SDN 的网络创新实验平台，支持全球科学研究。

2012 年，美国电话电报公司、德国电信等基础网络运营商提出了网络功能虚拟化（NFV）的概念。NFV 是一种新的网络架构概念，旨在摆脱专用硬件的限制，通过通用的信息技术硬件和虚拟化技术实现网络功能的软件化。NFV 与 SDN 紧密相关，但也存在差异。它们的核心理念是软件化、开放性、标准化，从而提高灵活性、降低成本。不同的是，SDN 更关注网络体系结构的可编程性，而 NFV 更关注网元层面的虚拟化和上层功能的软件化。由于 NFV 更接近运营商的业务需求和成本需求，一出现就受到了以运营商为主的广泛关注。

网络已经从最初的端到端模式发展到如今的多租户数据中心等复杂应用场景；用户需求从最初的简单可达性发展到现在对服务质量、流量等多方面的需求；网络协议来自最初的 TCP/IP 协议套件和上千种补丁协议。整个网络变得越来越复杂，但设备架构仍然像往常一样封闭，缺乏灵活性，难以跟上不断变化的应用需求。可以说，SDN 技术是网络发展的必然产物，它的快速发展是大势所趋。随着 SDN 部署范围的扩大，一个解决方案可能无法满足所有客户端的需求。许多企业正在部署多种 SDN 技术来支持核心网络功能和相关的特定用例，如微分段技术。网络供应商不可避免地要接受对开放网络技术的日益增长的需求。

二、OpenFlow 原理

OpenFlow 起源于斯坦福大学的 Clean-Slate 项目团队。Clean-Slate 项目旨在改变设计过时且难以改进的现有网络基础架构。Martin Casado 和 Nick McKeown 发现，如果将 Ethane 的设计更一般化，将传统网络设备的数据平面和控制平面两个功能模块分离，通过一个具有标准化接口的集中式控制器来管理和配置各种网络设备，将为网络资源的设计、管理和使用提供更多的可能性，从而促进网络的创新和发展，于是他们提出了 OpenFlow 的概念。2008 年，Nick McKeown 等人在 ACM SIGCOMM 上发表了一篇题为《OpenFlow：Enabling Innovation in Campus Networks》（在校园网络中实现创新）的论文，首次详细介绍了 OpenFlow 的概念：OpenFlow，一种网络通信协议，属于数据链路层，能够控制网上交换器或路由器的转发平面，借此改变网络数据包所走的网络路径。除了解释 OpenFlow 的概念和原理，论文中还列举了 OpenFlow 的几种应用场景，包括：

（1）校园网对实验通信协议的支持；

（2）网络管理和访问控制；

（3）网络隔离和 VLAN；

（4）基于 Wi-Fi 的移动网络；

（5）非 IP 网络；

（6）基于网络的数据包处理。

Martin Casado 和 Nick McKeown 的团队，基于 OpenFlow 为网络带来的可编程特性，进一步提出了 SDN 的概念。如果将网络中的所有网络设备作为被管理的资源，可以抽象出一个网络操作系统，此操作系统一方面抽象了底层网络设备的具体细节，同时也为上层应用提供了统一的管理视图和编程接口。这样，在网络操作系统平台的基础上，用户可以通过软件开发各种应用，定义逻辑上的网络拓扑，以满足对网络资源的不同需求，无须关心底层网络的物理拓扑结构。

SDN 的核心思想是数据和控制分离，在 OpenFlow 引入了流的概念后，控制器可以根据某个通信流的特点，利用 OpenFlow 协议提供的接口，对数据平面设备（OpenFlow 交换机）部署策略，即流表。通信的后续流量根据对应的流表在硬件层面上进行匹配转发，实现了灵活的网络转发平面策略。网络设备不再受固定协议的约束，即软硬件解耦，体现了 SDN 控制和数据分离的核心思想。

OpenFlow 的思路很简单，网络设备维护一个流表，并仅根据该流表进行转发。流表本身的生成、维护和下发完全由外部控制器实现。这里的流表并不是指 IP 五元组，事实上，OpenFlow v1.0 定义了 10 个关键字段，包括端口号、VLAN 和 L2/L3/L4 信息，但是每个字段都可以通用分配。网络运营商可以决定使用哪种粒度的流。例如，如果运营商只需要根据目的 IP 进行路由，那么流表中可以只有目的 IP 字段是有效的，其他全为通配。

在 OpenFlow v1.0 中，流表、安全通道和协议是核心概念。流表是特定流的策略表项集合，负责查询和转发数据包。交换机通过安全通道与控制器相连，传输协议，负责控制器与交换机之间的交互。OpenFlow v1.0 版本的架构原理示意如图 5-1 所示。

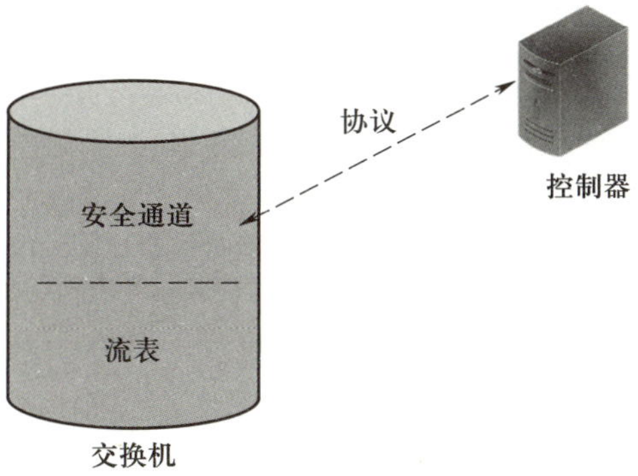

图 5-1　OpenFlow v1.0 版本的架构原理示意图

1. OpenFlow 流表

OpenFlow 控制器通过部署流表来指导数据平面流量。在 OpenFlow v1.0 中，每个 OpenFlow 交换机只有一张流表，该表存储了许多表项，每个表项表示一个流及其对应的处理方法，即动作表。一个数据包进入 OpenFlow 交换机后，需要先匹配流表。如果符合其中一个表项的特征，则按照相应的动作进行转发。此外，每个流表项都有一个截止日期，超过该日期后，流表将被自动删除。

OpenFlow 的流表项主要由三部分组成，即用于数据包匹配的分组头域、用于保存与条目相关的统计信息的计数器以及匹配表项后要对数据包执行的动作表。

分组头域是数据分组匹配流表项时的参考，功能类似于传统交换机进行第 2 层交换时数据分组的 MAC 地址。在 OpenFlow v1.0 中，流表项的分组头域包括 12 个字段，在协议中称为 12-Tuple，提供 1 ~ 4 层的网络控制信息。其中，交换机的入口属于一层标识；源 MAC 地址、目的 MAC 地址、VLAN 标签和 VLAN 优先级属于二层标识；源 IP 和 IP 服务类型属于三层标识；TCP/UDP 源端口号和 TCP/UDP 目的端口号属于四层标识。这些丰富的匹配字段为识别流提供了更精细的粒度。

流表项中的计数器用于统计相关流的信息，如搜索次数、发送和接收的数据包数量以及生存期等。此外，OpenFlow 还为每个表、端口和队列维护它们相应的计数器。

动作表指定了 OpenFlow 交换机处理相应流的行为。动作表可以包含 0 个或更多动作，交换机将按顺序执行它们。如果其中不包括转发操作，数据包就会被丢弃。如果包括转发动作，数据包会被相应地转发。但是 OpenFlow v1.0 不能保证数据包的转发顺序。动作可分为两种类型，即必选动作和可选动作。当流表项中有 OpenFlow 交换机不支持的操作时，将向控制器返回一条错误的消息。

2. OpenFlow 安全通道

OpenFlow 安全通道承载着 OpenFlow 协议的消息，无论是下发流表还是其他控制消息都要通过这个通道。这部分流量属于OpenFlow网络的控制报文，不同于数据平面的网络流，不需要交换机流表的检查。为了保证“本地流量”的安全可靠传输，OpenFlow v1.0规定通道建立在TCP连接之上，采用安全传输层协议进行加密。

（1）OpenFlow安全通道的建立

OpenFlow控制器开启TCP的端口6633，等待交换机连接。当交换机启动时，尝试连接到指定控制器的端口6633。为了保证安全，双方需要交换证书进行认证。因此，每台交换机应至少配置两个证书，一个用于认证控制器，另一个用于向控制器发出认证。

当认证通过后，双方向对方发送握手消息，该消息携带支持的最高协议版本号，接收方将使用双方支持的最低协议版本进行通信。一旦发现两者拥有共同支持的协议版本，则建立安全通道；否则，发送错误消息，描述失败原因，并终止连接。

（2）OpenFlow安全通道的维护

安全通道建立后，交换机和控制器通过消息协商一些参数，并定期交换一些“Keepalive”消息来维持连接。当连接异常时，交换机尝试连接备份控制器。当多次尝试失败时，交换机将进入紧急模式并重置所有TCP连接。此时，所有分组将匹配指定的紧急模式表项，所有其他正常表项将从流表中删除。此外，当交换机刚刚启动时，默认进入紧急模式。通过这个通道，就可以在控制器和交换机之间交互OpenFlow消息。

3. OpenFlow协议

OpenFlow v1.0支持三种消息类型：控制器－交换机消息、异步消息和对称消息，每种消息有多个子消息类型。

（1）控制器－交换机消息

控制器－交换机消息由控制器发起，包括Features、Configuration、Modify-State、Read-State等几类消息，用于管理OpenFlow交换机。控制器通过各种请求消息查询OpenFlow交换机的状态，OpenFlow交换机在收到应答消息后需要回复相应的响应消息。

图5-2所示为Flow-mod消息的具体格式示例。前4个字段（Version、type、length、xid）是OpenFlow消息的通用报头。wildcard表示匹配时12元组的掩码位。中间部分从in_port到tp_dst（4～12行）字段说明了流表项12元组的信息。hard_time给出了该流表项的生存时间。priority字段的设置参考流表匹配，原则上优先级越高，所属的Table号就越小。buffer_id表示对应Packet-in消息的buffer_id。out_port仅在command为Delete或Delete Strict时有效，表明当某表项不仅与Flow-mod中给出的12元组匹配，且转发动作中指定端口等于该out_port的动作时才予以删除。flags字段为标志位。

<table>
<tr><td colspan="2">version</td><td colspan="2">type</td><td>length</td></tr>
<tr><td colspan="5">xid</td></tr>
<tr><td colspan="5">wildcard</td></tr>
<tr><td colspan="3">in_port</td><td colspan="2">dl_src</td></tr>
<tr><td colspan="5">dl_src</td></tr>
<tr><td colspan="5">dl_cst</td></tr>
<tr><td colspan="3">dl_dst</td><td colspan="2">dl_vlan</td></tr>
<tr><td>dl_vlan_pcp</td><td colspan="2">pad</td><td colspan="2">dl_type</td></tr>
<tr><td>nw_tos</td><td colspan="2">nw_proto</td><td colspan="2">pad</td></tr>
<tr><td colspan="5">nw_src</td></tr>
<tr><td colspan="5">nw_dst</td></tr>
<tr><td colspan="3">tp_src</td><td colspan="2">tp_dst</td></tr>
<tr><td colspan="3">hard_time</td><td colspan="2">priority</td></tr>
<tr><td colspan="5">butter_id</td></tr>
<tr><td colspan="3">out_port</td><td colspan="2">flags</td></tr>
<tr><td colspan="5">actions[0]</td></tr>
</table>

图 5-2　OpenFlow v1.0 中的 Flow-mod 消息格式示例

（2）异步消息

异步消息可以向控制器更新网络事件或交换机状态的变化。如果交换机不知道如何处理流量或自身状态发生异常时，OpenFlow 交换机通过此类消息将相应情况报告给控制器，让控制器来完成决策。

（3）对称消息

与前两种消息不同，对称消息是由控制器或 OpenFlow 交换机中的任意一侧发起的，此类消息有以下三种类型。

1）Hello。握手消息 Hello 能够为认证双方建立安全通道。如果它们有共同支持的协议版本，就可以建立安全通道。如果发送了错误的消息，连接将被断开，并表述失败的原因。

2）Echo。双方都可以向另一方发送 Echo-Request 消息，接收方回复 Echo-Reply。此消息可以测量延迟。

3）Vendor。该消息为未来协议版本预留，使 OpenFlow 交换机制造商能够提供额外的功能。

三、开放网络基金会（ONF）

作为一个非营利的产业联盟，ONF 已经成为最为活跃和最有影响力的 SDN 标准化组织。目前，ONF 成员数量快速增长，并在不同领域开展了 SDN 技术研究和应用案例部署。

2016年，ONF宣布将与开放网络实验室合并。到目前为止，这两个非营利组织已经完成合并。ONF目前由3个讨论组和13个工作组组成。讨论组包括论坛组、日本组和技能验证组；工作组包括结构框架组、协议升级组、配置与管理组、转发抽象组、光传输组、教育推广组、北向接口组、迁移组、无线与移动组、测试与互操作组、L4～L7组、运营商级SDN组和安全组。

ONF讨论组和工作组通过会议或邮件的方式对SDN和OpenFlow相关规范进行讨论，并根据研究结果不定期发布技术报告。ONF自2011年成立以来，最主要的研究成果包括SDN白皮书、OpenFlow协议和OpenFlow配置与管理协议（OF-CONFIG）。

第二节　SDN关键技术

一、SDN工作原理

SDN与传统网络最大的区别在于网络设备的转发功能可以通过编写软件来定义。在传统网络中，控制平面功能在各个网络节点中分布运行，因此部署新的网络功能需要升级所有相应的网络设备，这使得网络创新难以实现。SDN将网络设备的控制平面和转发平面分离，并集中实现控制平面，使得新网络功能的部署只需在控制节点集中进行软件升级，进而实现网络功能的快速灵活定制。此外，SDN架构具有很强的开放性，通过对整个网络进行抽象，为用户提供完整的编程接口，让用户根据上层的服务和应用获取所需的网络资源，从而满足自身特有需求。SDN由于其开放性和可编程性的特点，可能会打破一些厂商对设备、软件和协议上的垄断，从而让更多的人参与到网络技术的研发工作中。

按照行业的一般理解，SDN可以定义为一种数据控制分离、软件可编程的新型网络架构，其架构示意如图5-3所示。

SDN采用集中式控制平面和分布式转发平面，两者是分开的。控制平面采用控制－转发通信接口对转发平面上的网络设备进行集中控制，这部分控制信令的流量在控制器和网络设备之间，与终端之间通信产生的数据流量无关，如图5-4所示。网络设备通过接收控制信令生成转发表，并据此决定数据流的处理，因此不再需要使用复杂的分布式网络协议来决定数据转发。

SDN并不是特定的网络协议，而是一种网络架构，它可以包含多种接口协议。例如，使用北向应用程序编程接口（API）实现业务应用程序与控制器的交互，使用OpenFlow等南向接口协议实现控制器与交换机的交互。这样就能使基于SDN的网络架构更加系统化，具有良好的感知能力和管控能力，从而推动网络向新的方向发展。

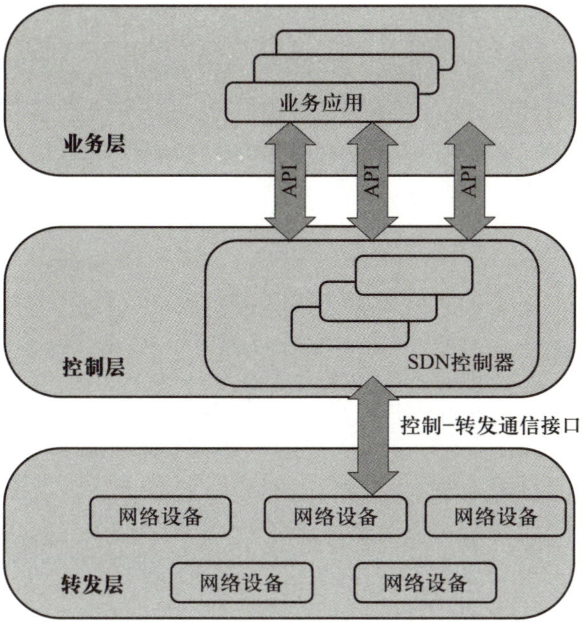

图 5–3 SDN 的基本架构示意图

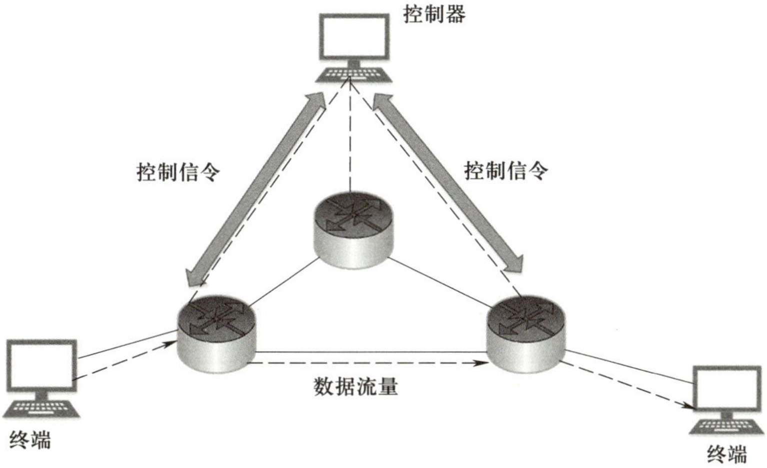

图 5–4 SDN 的数据控制分离

不同的标准化组织都有自己的参考体系结构，其对 SDN 的研究和关注点也各不相同。其中，最具影响力的 ONF 组织在 SDN 的标准化过程中扮演着重要角色，其所理解的 SDN 主要是从网络用户的角度来定义的，特别强调未来的网络系统应该能够根据业务的需求灵活地定义和操作底层网络资源。ONF 组织明确定义了 SDN 核心架构，也定义了完全开放的 SDN 南向接口协议——OpenFlow，并致力于推动其标准化。ONF 组织提出的 SDN 系统架构如图 5–5 所示。

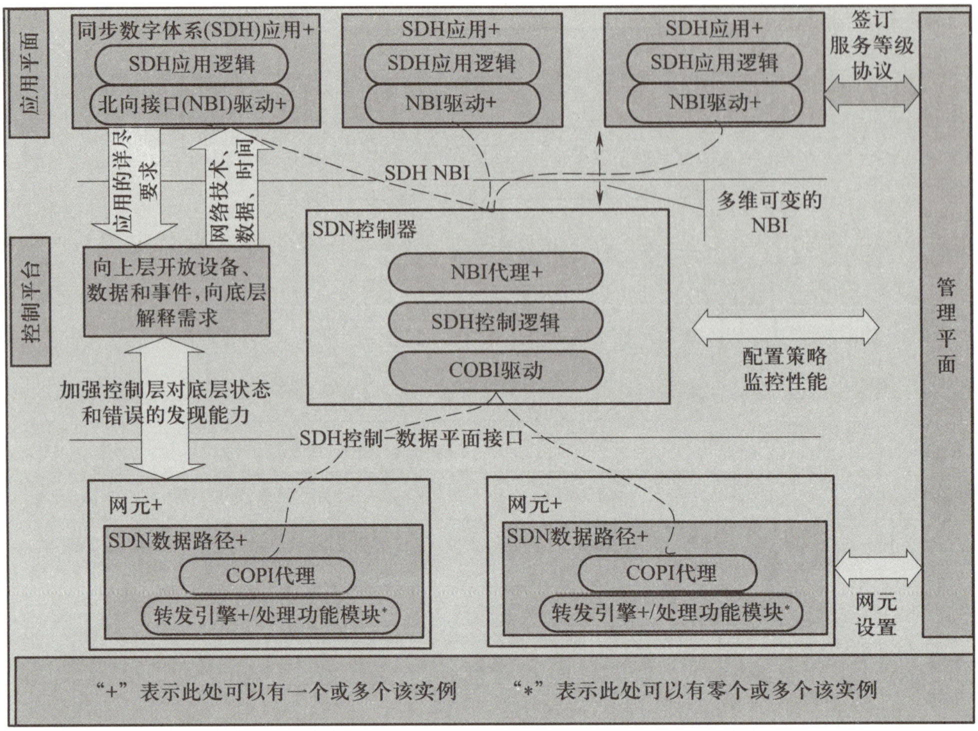

图 5-5　ONF 组织提出的 SDN 系统架构

二、SDN 网络设备

1. 软件 SDN 网络设备

软件 SDN 交换机结构如图 5-6 所示。

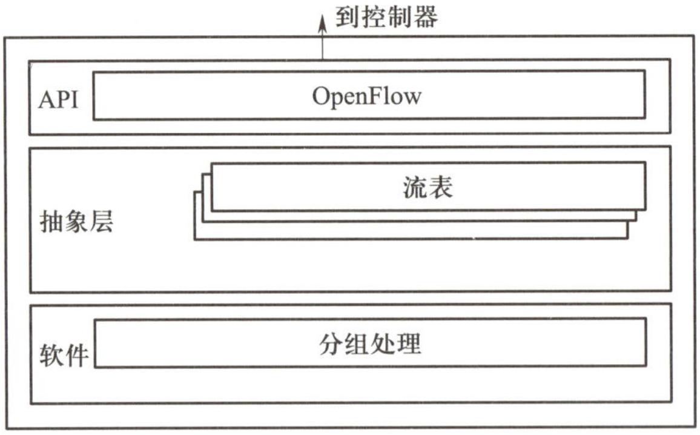

图 5-6　软件 SDN 交换机结构

抽象层包含一个或多个流表，分组处理逻辑包含一些机制，这些机制可以根据对传入分组的评估及最高优先级的匹配流表项采取相应的操作。如果找到一个匹配条目，传入的数据包将由设备本地处理，除非明确指示将数据包转发给控制器。如果没有找到匹配，分组可以被复制并传递给控制器进行进一步处理，这个过程就是控制器消耗分组。对于软件交换机，可以通过软件镜像实现同样的功能。对于硬件交换机，这些机制是由专用硬件实现的。随着时间的推移，真正的分组逻辑被迁移到硬件上，是为了让交换机能够以越来越快的线性速度处理到达的分组。

用软件来实现 SDN 设备是构造一个 SDN 设备最简单的方法，因为涉及的流表、流表项、匹配字段很容易映射到常用的软件数据结构，比如排序数组、散列表等。所以由两个不同团队开发的软件 SDN 设备比两个不同的硬件 SDN 设备更容易在行为上实现统一。

软件实现在资源方面较少受限，这是因为在典型的软件实现中，不存在处理能力和内存大小等问题。软件设备支持的流表项数目可能比硬件设备高出几个数量级，因此软件 SDN 网络设备可以比硬件 SDN 网络设备使用更丰富的动作。

与虚拟机管理程序一起使用的虚拟交换机是 SDN 的理想选择。事实上，整个虚拟化系统通常由一个集中的虚拟机管理程序控制，这也与 SDN 范式中的集中控制器架构非常吻合。

2. 硬件 SDN 网络设备

硬件 SDN 交换机结构如图 5-7 所示。

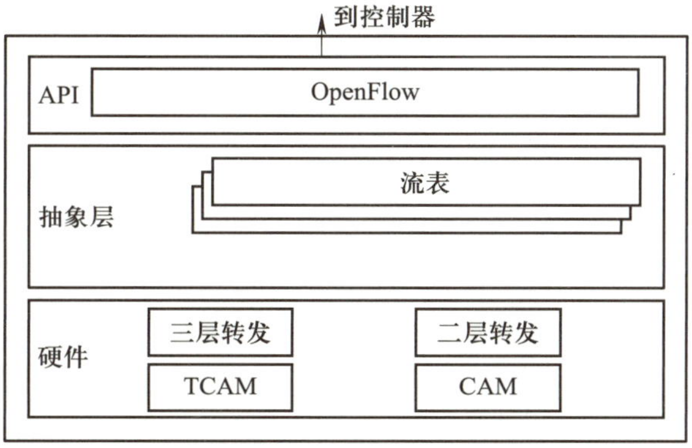

图 5-7　硬件 SDN 交换机结构

SDN 网络设备的硬件实现比其相应的软件实现操作速度更快，因此更适用于性能敏感的环境，如数据中心和网络核心。

目前，网络设备采用专门的硬件设计来加快对传入数据包的检查，然后根据数据包的分配情况做出判断。从图 5-7 中可以看到，硬件包含了三层和二层的转发表，通常使用三态内容寻址存储器（TCAM）和 CAM 来实现（RAM 技术由于性价比的提升，在目前二层和三层转发表中更受欢迎）。三层转发表用于 IP 级路由决策，属于路由器的基本操作。它将目的地 IP 地址与流表项进行匹配，并根据匹配结果采取适当动作。二层转发表用于 MAC 层的转发决策，属于交换机的基本操作，它将目的地 MAC 地址与流表项进行匹配，并根据匹配结果采取适当的转发动作。

TCAM 不仅可以用于检查精确的匹配，还可以用于检查第三种状态，它可以使用掩码将匹配字段的某些部分作为通配符来处理。TCAM 的另一个重要应用是为传入分组的一部分字段寻找可能的匹配。

硬件的功能特性使得网络设备能够以非常高的速度匹配数据包并采取相应的动作。然而，这也给 SDN 设备开发人员带来了一系列挑战。

（1）把流表项转换成硬件表项应该怎么做才能得到最好的结果？

（2）硬件需要处理哪些流表项？

（3）硬件对操作的限制可能影响使用硬件或软件的选择，应当如何解决？

（4）如何跟踪每个流的统计信息？

以上问题会影响到正在开发的 SDN 设备的质量、功能和效率，因此在设计过程中必须加以考虑。

三、SDN 流表策略

流表是 SDN 网络设备上的基本数据结构。网络设备使用这些流表来评估传入的数据包，并根据刚收到的数据包内容采取适当措施。这些操作包括将数据包转发到某个端口、丢弃数据包及通过所有端口泛洪数据包等。有了流表及相关逻辑后，SDN 网络设备的基本操作将更具通用性，可编程性也更强。

流表由一些具有优先级顺序的流程项组成。每个流表项通常由匹配字段和操作两部分组成。匹配字段用于与传入的数据包进行比较。传入的数据包将根据优先级顺序与匹配字段逐一进行比较，并选中第一个完全匹配的流表项。操作是指一些指令，当传入数据包与某个流表项定义的匹配字段匹配时，网络设备执行相应的指令。

与特定匹配无关的字段可以在匹配字段中设置为通配符。例如，当仅使用 IP 地址或子网地址来匹配数据包时，其他所有字段都设置为通配符。同样，如果只使用 MAC 地址或 TCP/UDP 端口进行匹配时，其他字段就无关紧要了，所以这些字段也是通配符。根据应用程序的需要，可以使所有字段都有意义，这种情况下将没有通配符字段。这种流表和流表项的结构使 SDN 应用程序开发人员能够匹配数据包，并以各种可能的组合采取适当的操作。

流表是 SDN 交换机处理数据包最基本的依据，直接影响数据转发的效率和整个网络的性能。流表由集中控制器基于整个网络拓扑视图生成，并统一下发到数据流传输路径上的所有 SDN 交换机。因此，流表的生成算法成为影响控制器智能化水平的关键因素。

SDN 交换机的流表机制打破了传统网络中的分层概念。传统的二层网络信息如源 MAC、目的 MAC 和 VLAN ID，三层网络信息如源 IP 和目的 IP，或者四层信息如源 TCP/UDP 端口号和目的 TCP/UDP 端口号都被统一封装在流表中。因此，控制器需要根据不同层的网络传输要求，制定相应的转发策略，并生成相应的流表下发给交换机。

对于二层转发，控制器在 SDN 中的链路发现过程中实现了 MAC 地址学习，基于二层信息的报文转发也相对容易实现，只需控制器基于目的 MAC 地址将对应的交换机转发端口号写入对应的交换机流表项即可。

对于三层转发，在 SDN 网络中，控制器利用相关的路由算法计算源地址和目的地址之间的路由信息，并根据 IP 地址和 MAC 地址将对应交换机的转发端口号写入对应交换机的流量表项中。

对于四层转发，在 SDN 网络中，第 4 层报文解析将在控制器中完成，相应的交换机转发端口号会根据 TCP/UDP 端口号、IP 地址、MAC 地址写入对应交换机的流量表项中。

与传统网络一样，SDN 控制器可以有效地处理不同层次上的数据转发。制定流表时，通过使用不同网络层次的规则和算法来减少流表的数量。不同的是，传统网络在各个设备本地执行相关算法，通常只根据设备自身掌握的有限局部连接情况做出数据处理决策；而 SDN 具有集中管理和控制的优势，控制器具有全局的网络资源视图，更容易获得优化的算法执行结果。但是，这样做会有一些问题，如在 SDN 系统中，所有数据流的转发过程都需要由控制器来决策，从而给控制器带来了很大的压力。

控制器通过流量表下发机制控制 SDN 交换机设备，SDN 控制器的下发有主动和被动两种模式。主动模式表明在包到达 OpenFlow 交换机之前就设置流表，因此当包到达交换机时，交换机就已经知道如何处理包了。这种方法有效地消除了每秒可以处理的数据量的限制，理想情况下，控制器需要尽可能多地预扩散流表项。被动模式是指当数据包到达交换机时，找不到与之匹配的流表项，只能将其发送到控制器进行处理。一旦控制器确定了合适的方法，那么相关信息就被返回并缓存在交换机上，同时控制器将确定这些缓存信息的存储时限。

不同的流表下发模式各有特点。主动的流表下发使用预设规则来避免每次都为每个数据流设置流表项的工作，然而考虑到数据流的多样性，为了保证每个流都被转发，流表项的管理变得复杂起来。例如，需要合理设置通配符来满足转发需求。被动的流表下发可以更有效地利用交换机上的流表存储资源，但在处理过程中，会增加额外的流表设置时间。同时，一旦控制器和交换机之间的连接断开，交换机将无法转发后续到达的数据流。

流表匹配应遵循以下两条原则：

（1）优先级不同的情况下，优先级高的先匹配，优先级低的后匹配，优先级范围在 0 ~ 66535，数字越大则优先级越高；

（2）优先级相同的情况下，当流表项具有相同优先级、不同匹配域粒度的情况下，按照流表项添加的先后顺序匹配，即先添加的流表项，数据流优先匹配。

四、SDN 控制器

控制器是 SDN 的重要组成部分，其设计与实现是 SDN 的关键技术环节之一。因此，了解控制器的体系结构对于深入研究 SDN 技术极其重要。

SDN 控制器应该维护整个网络的全局视图，执行策略决策，控制构成网络基础设施的所有 SDN 网络设备，并为应用程序提供北向 API。控制器通常有自己的一套通用应用模块，如学习交换机、路由器、基本防火墙、简单负载均衡器等。其实这些都是应用，但往往与控制器捆绑在一起。这里需要关注的是严格意义上的控制器。

SDN 控制器结构如图 5–8 所示。

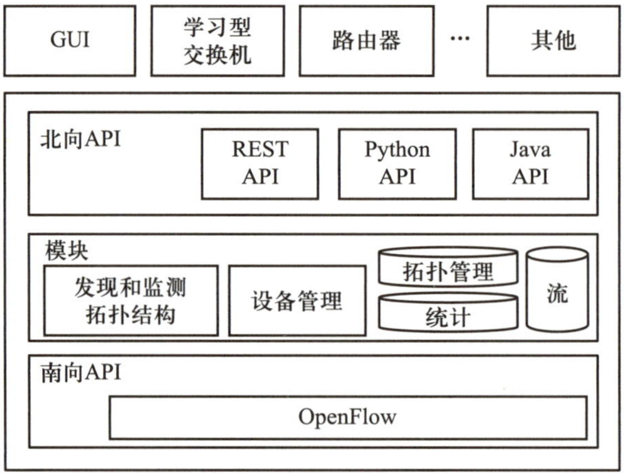

图 5–8　SDN 控制器结构

图中描述的模块为控制器提供核心功能，包括南向 API、北向 API，以及一些可能使用控制器的示例应用程序。南向 API 用于与 SDN 网络设备接口。如果是开放的 SDN，那么这个 API 就是 OpenFlow，而在其他可供选择的 SDN 解决方案中，可能是其他 API，如边界网关协议（BGP）。值得注意的是，在一些产品中，OpenFlow 和替代方案共存于同一个控制器中。因为南向 API 的工作开始得比较早，所以这个接口在定义和标准化工作上都比较成熟。

1. SDN 控制器的核心模块

控制器抽象出它与 SDN 设备之间的协议细节，使应用程序可以与 SDN 设备通信，而不需要知道设备之间的具体区别。控制器还需要提供原生接口之间的核心功能，主要包括以下几个方面。

（1）终端用户设备发现，发现终端用户设备，如台式计算机、打印机等。

（2）网络设备发现，发现构成网络基础设施的网络设备，如交换机、路由器、无线接入点等。

（3）网络设备拓扑管理，维护网络设备和与其直接连接的终端用户设备之间的详细连接信息。

（4）流管理，为控制器管理的所有流建立一个数据库，并与网络设备执行所有必要的协调工作，以确保网络设备上的流表项与该数据库同步。

控制器的核心功能是实现设备和拓扑的发现和监控、流的管理、设备管理和跟踪统计，这些是由控制器内部的一组模块来实现的。如图 5–8 所示，这些模块需要维护包含当前拓扑和统计信息的本地数据库。控制器通过学习所有交换机和终端用户设备的存在状态并跟踪它们之间的连通性来掌握当前的网络拓扑结构。控制器还在本地维护从每个交换机收集的流统计信息，可以在设计中使用可插拔模块来实现这些功能，从而根据每个网络的不同需求来定制控制器的功能组合。很多已经实现 SDN 的公司都非常关注这些核心模块，以便于进行网络建模和创建抽象层。

2. SDN 控制器的体系架构

控制器连接底层交换设备和上层业务应用，可视为 SDN 的整个大脑。传统网络的数据平面和控制平面物理上紧密耦合，而 SDN 中数据平面和控制平面相对分离，增加了实现的灵活性。控制器作为 SDN 的核心部分，与计算机操作系统的功能类似。它需要为网络开发者提供一个灵活的开发平台，且为用户提供一个便于操作的用户接口。与计算机控制系统一样，控制器的设计目标是通过对底层网络的完全抽象，使开发人员能够根据业务需求设计出各式各样的网络应用程序。如果按照模块组合的架构来实现 SDN 控制器，当控制器的功能逐渐增加时，系统可扩展性差的问题必然会凸显出来，开发新的网络应用将变得极其困难。因此，市面上大多数开源控制器的设计都采用类似于计算机操作系统的层次化架构，如图 5–9 所示。

从图 5–9 中可以看出，在这种体系结构下，控制器功能可分为基本功能层和网络基础服务层两层。

（1）基本功能层

基本功能层主要提供控制器所需的基本功能。一个通用的控制器应该能够方便地添加接口协议，这对于动态灵活地部署 SDN 非常重要，因此基本功能层首先要满足的就是协议适配功能。综上所述，需要适配的协议主要有两种：一种是用于与底层交换设备交互信息的南向接口协议；另一种是用于控制平面分布式部署的东西向接口协议。

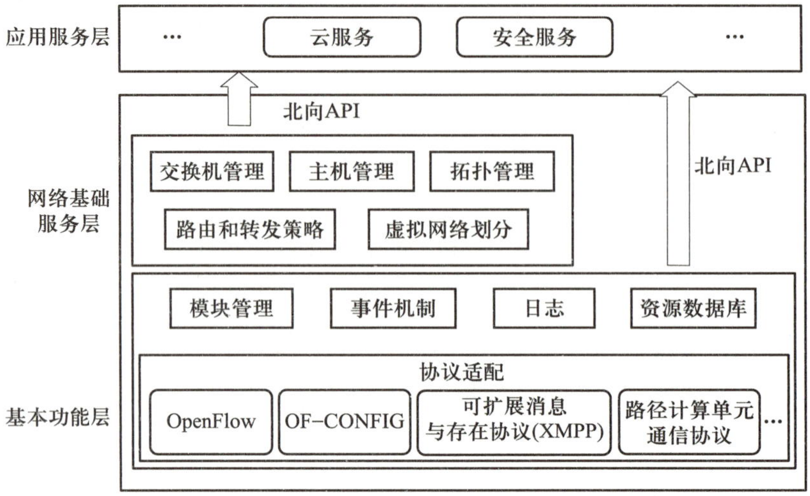

图 5-9　控制器层次化体系架构

协议适配层主要有三个方面的作用：第一，网络维护人员可以使用更合适的协议来优化整个 SDN；第二，考虑与传统网络的兼容性问题，可以借鉴现有的网络协议，以最小的成本对传统网络进行升级改造；第三，通过协议适配功能，控制器可以完成对底层多个协议的适配，并向上层提供统一的 API，从而达到对上层屏蔽多个协议的目的。

协议适配层工作完成后，控制器需要提供支持上层应用开发的功能，主要包括以下四个方面的内容。

1）模块管理。重点管理控制器中的各个模块，允许在不停止控制器运行的情况下加载新的应用模块，实现上层业务变化前后底层网络环境的无缝切换。

2）事件机制。定义了与事件处理相关的操作，包括创建事件、触发事件等。事件作为消息的通知者，在模块之间划定了界限，提高了应用程序的可维护性和重用性。

3）日志。提供基本的日志功能，开发者可以用它快速地调试自己的应用，网络管理可以用它来高效轻松地维护 SDN。

4）资源数据库。包含各种底层网络资源的实时信息，主要包括交换机资源、主机资源、链路资源等，便于开发人员查询和使用。

（2）网络基础服务层

对于一个完善的控制器架构来说，仅实现基本的功能层是远远不够的。为了使开发人员能够专注于上层业务逻辑，提高开发效率，有必要在控制器上加入网络基础服务层，以提供基本的网络功能。作为控制器实现的一部分，网络基础服务层模块可以通过调用基础功能层的接口来实现设备管理、状态监控等基础功能。这一层涵盖了许多模块，取决于控制器的具体实现。以下是一些主要的功能模块。

1）主机管理。类似于交换机管理模块的功能，主要负责提取网络中主机的信息。

2）拓扑管理。控制器从资源数据库中获取链路、交换机和主机的信息后，形成整个网络的拓扑结构图。

3）路由和转发策略。为数据包分组提供转发策略，最简单的策略是根据二层MAC地址转发或根据IP地址转发数据包。用户也可以在此基础上继续扩展，实现自己的转发策略。

4）虚拟网络划分。可以有效利用网络资源，实现网络资源价值最大化。为了安全起见，SDN控制器必须能够通过集中控制和自动配置实现对虚拟网络的安全隔离。

在这两层的基础上，控制器通过向上层应用开发者提供各级编程接口，可以灵活方便地完成整个SDN的设计和管理，调用可编程能力给网络开发者。在这种层次化架构设计中，基本功能层提供了SDN控制器作为整个控制平面最基本的功能，包括底层硬件的抽象和对上层网络功能模块的管理。所有网络应用都是基于该层提供的接口进行开发的，网络基础服务层的可扩展性显著增强，可以为上层网络的应用开发和运营提供强大的通用平台。

随着各种信息化应用的快速发展，网络环境变得更加复杂，边界趋于模糊。各种业务应用场景带来了新的安全威胁，并给网络管理带来了新的挑战。SDN控制器需要协调分布在各下级平台上的一系列相关资源，有时需要维护事件的完整性，这个过程通常被称为编排。此外，一个软件开发网络应用程序可以调用其他外部服务，并且可以安排一些附加的软件开发网络控制器来实现其目标。将 n 层节点视为服务器，n–1层节点视为客户机。一台服务器控制多台客户机的情况可视为编排，如App可以编排多个控制器，超级控制器可以编排多个设备。

目前，各工作组、运营商、设备供应商和开源社区对业务编排有许多不同的想法。近年来，SDN与NFV的结合引起了业界的广泛关注，多种功能的融合使业务编排变得更加重要。例如，国际互联网工程任务组（IETF）主张在现有的网络层协议上增加插件，并在网络和应用层之间增加SDN编排器进行能力开放的封装，而不是直接采用OpenFlow进行能力开放。业务编排主要有两种发展思路：一种是创建独立的业务编排层；另一种是华为和中国移动联合提出的Open–Orchestrator（Open–O）开源项目，它可以提供开放源码软件接口、虚拟网络功能（VNF）管理器和虚拟化基础设施管理器（VIM）接口。Open–O旨在建立一个网络服务目录和VNF目录。

3. SDN控制器的接口

控制器需要向SDN应用程序提供用于访问网络的应用编程接口。有时，北向API只是一些低级接口，以通用统一的方式提供对网络设备的访问条件。在这种情况下，应用程序需要知道每个设备的存在，但不需要知道这些设备之间的差异。在其他场合，控制器可能会提供高级API，即抽象网络本身。这样，应用开发者就不需要考虑每一个设备，而是把网络作为一个整体来考虑。

图 5–9 给出了 SDN 控制器的北向 API。控制器将网络中发生的事件通知给应用程序，事件从控制器传递到应用程序。这些事件可能是由于控制器接收到数据包或网络拓扑中的某些状态变化（如链路断开）而导致的。应用程序通过不同的方式影响网络的运行，也可以在不触发控制器事件的情况下独立调用方法。

北向接口（NBI）的标准化很重要，有利于 SDN 应用程序的市场体现，即 SDN 应用程序开发人员不需要再针对各种不同 SDN 控制器的专用接口来修改应用程序，当获得一个 SDN 应用程序时，也不再需要对其代码做出很大的改变就可以将不同的控制器即插即用地添加到环境中。另外，由于 SDN 控制器能够做到即插即用，因此企业或运营商在创建自定义的 SDN 应用程序及差别化展示其终端服务方面的投资也将更加灵活。

4. SDN 控制器的现有实现

目前，市场上有很多可用的 SDN 控制器，包括开源 SDN 控制器和商用 SDN 控制器。开源 SDN 控制器有多种形式，从基本的 C 语言控制器到基于 Java 的控制器，甚至还有一种基于 Ruby 的控制器（Trema）。这些控制器的接口可以使用控制器自己的编程语言，也可以选择使用其他语言。开源控制器是由供应商联盟开发的，开放网络操作系统（ONOS）也是一种重要的开源控制器，在电信运营商市场上备受青睐。其他厂商也推出了自己的商用 SDN 控制器。NEC、IBM 和惠普等厂商提供的控制器本质上也是 OpenFlow 的实现。其他大多数网络设备厂商则提供了供应商特定的 SDN 控制器，一定程度上也支持 OpenFlow，但支持的版本差别很大。

5. SDN 控制器的评估要素

在 SDN 控制器上开发网络应用，可以提供智能化和个性化的网络服务。控制器作为应用开发和运行的平台，直接影响网络运行状态。随着 SDN 技术的发展和演进，学术界和工业界纷纷推出各种 SDN 控制器，让人们很难选择。下面介绍 SDN 控制器的 10 个评估要素，方便网络管理人员根据自身需求合理选择。

（1）对 OpenFlow 的支持

OpenFlow 作为 SDN 的主流南向接口协议，也是 ONF 力推的标准化协议。支持 OpenFlow 协议可以被视为是 SDN 控制器通用性的一个重要标准。OpenFlow 协议有很多版本，并且在不断完善中。因此，在选择控制器时应该重点关注 OpenFlow 支持的功能，包括可选功能和扩展功能。此外，还需要了解网络提供商的路线图，应当支持新版 OpenFlow。

（2）网络虚拟化

网络虚拟化是指多个逻辑网络共享底层网络的网络基础设施，从而提高网络资源利用率，加快业务部署，提供业务 QoS 保障。SDN 控制器具有全局网络视角，其集中管理和控制的优势可以大大简化资源的统一分配，能够动态地创建基于策略的虚拟网络，这些虚拟网络能够形成类似于服务器虚拟化计算资源池的逻辑网络资源池。

（3）网络功能

当云服务提供商提供多租户网络服务时，出于安全考虑，租户希望自己的流量和数据独立于其他租户，因此 SDN 控制器在提供网络虚拟化能力的同时，还需要提供严格的隔离保障功能。同时，OpenFlow v1.0 协议提供了基于流的匹配转发模式，方便对流的细粒度处理。此外，SDN 控制器具有整体网络拓扑视角，能够发现从源端到目的地的多条路径，并提供多路径转发功能。与传统的多链接透明互联（TRILL）标准和 SPB 协议相比，SDN 控制器可以在不改变网络的情况下提供同样的功能。

（4）可扩展性

SDN 的集中式架构便于网络管理员根据需要灵活添加、更改和删除控制器中相应的网络服务模块，使得对整个网络的管理如同在一个网络设备中一样。因此，SDN 可扩展性的一个重要指标就是所支持的 OpenFlow 交换机的数量。一般来说，一个 SDN 控制器应该能够支持至少 100 个交换机。此外，如何降低广播对网络带宽和流表规模的影响也是评价 SDN 控制器可扩展性的一个重要因素。

（5）对流的处理性能

SDN 控制器最重要的功能是将每个流第一个数据包的处理结果以流表项的方式写入交换机的流表，方便后续报文的处理。因此，控制器对流的处理时延和每秒处理的新流的数目是评价控制器性能的重要指标。

（6）可编程性

在传统网络环境下，网络功能的更改需要在相关设备上依次配置，不仅耗时而且易出错，还不能根据网络的动态变化实时调整，这种原始的静态网络编程特性使得网络性能难以保证。作为一种新兴的网络技术，SDN 的一个重要特性是拥有网络可编程性，具体包括数据流的重定向、准确的消息过滤以及为网络应用提供友好的北向可编程接口。

（7）可靠性

可靠性是评价网络的一个非常重要的指标。作为整个网络的控制中心，SDN 控制器的单点故障可能会导致整个网络瘫痪。目前，为了提高 SDN 的可靠性，主流的方法是利用集群技术为 SDN 控制器提供主从热备份机制。一旦检测到主 SDN 控制器出现故障，可以立即切换到备用控制器。还有一种方法是通过控制器计算从源端到目的地的多条转发路径，并将备份路径存储在组表中。当网络链路出现故障时，可以自动切换到备份路径，从而提高网络可靠性。

（8）安全性

为了提供网络安全，控制器需要实现企业级的身份认证和授权。同时为了使网络管理人员能够更灵活地控制网络，控制器需要具有控制各种关键流量访问的能力，如管理流量和控制流量等。此外，作为网络攻击的关键目标，控制器本身需要限制控制信令的速率，并在控制平面提供报警机制。

（9）控制器供应商

SDN 技术作为未来网络领域的重要技术，近年来已被各大网络厂商争相进入。考虑到 SDN 市场的不稳定性和特殊性，在选择 SDN 控制器时，不仅要参考上述技术指标，还要关注供应商的资金和技术资源、SDN 的研发和进展情况，以及其在 SDN 市场的定位和竞争能力。

（10）集中管理和可视化

SDN 的一个优点在于能够为网络管理者提供物理网络和各虚拟网络的可视化信息，如流量、拓扑等。此外，网络管理员通常希望通过标准协议和技术来监控 SDN 控制器。因此，在理想情况下，SDN 控制器需要通过表现层状态转换应用程序编程接口（REST API）为网络信息访问提供支持。

6. SDN 控制器的潜在问题

虽然 SDN 控制器的概念及其体系结构有助于解决许多重要问题，但到目前为止，大规模的商业部署仍然较少。随着商业部署规模越来越大，实践经验越来越多，拥有一个各方面性能都优异的网络更加必要。尤其是在人们对这种架构的建立有普遍信心之前，应对众多 SDN 应用和复杂异构设备类型的实践经验是必不可少的。集中式控制结构要解决的问题包括延迟、可扩展性、高可用性和安全性。除了这些常见的问题，SDN 集中式控制器还面临着应用程序之间的协调、流量的优先级安排等挑战。

在 AT&T、Verion 等大型电信运营商中，网络规模是 SDN 需要解决的一个非常重要的问题。一个控制器可能运行多个 SDN 应用程序，此时，应用程序的优先级和与流处理相关的问题就变得非常突出。

在 OpenFlow 早期的标准化工作中，人们普遍认为相应的北向 API 很快就会出现。如果没有北向 API，迁移到 SDN 的大部分优势就会丧失。2013 年底，ONF 成立工作组，专注于北向 API 的标准化工作。目前，通过与开源 SDN 的合作，最终产生了一个基于意图的 north-bound 接口，名为 Boulder。Boulder 创建了一个语义和信息模型，既能向应用程序传达网络变化，又可以对底层进行抽象。如果不同类型的 SDN 控制器采用这种统一 NBI，SDN 将有望获得较强劲的发展势头。

关于是否所有主流控制器都应该使用标准的北向接口，目前还没有共识。使用特定控制器编写的应用程序可能比使用控制器北向接口编写的应用程序更具性能优势。

SDN 设备中的流需要按照优先级进行处理，与传入数据包匹配的第一个流才真正起作用。在 SDN 应用中，正确地对 SDN 设备上的流进行优先级排序是非常重要的。如果优先级排列不正确，则产生的动作也不正确。例如，应用程序设计人员将为更具体的流安排更高的优先级，并为特征最少的流安排最低优先级。对于单个应用程序，这是相对容易的。然而，当有多个 SDN 应用程序时，流表项的优先级将变得难以管理。

7. 开源控制器

随着 SDN 技术的快速发展和控制器在 SDN 中的突出作用，控制器软件正呈现出蓬勃发展的态势。开源社区在这一领域做出了很大的贡献，为业界提供了很多开源控制器。不同的控制器各有特点和优势。下面详细介绍 SDN 业界广泛采用的几种典型开源控制器。

（1）NOX/POX

NOX 是世界上第一款开源 SDN 控制器，由 Nicira 公司于 2008 年主导开发。NOX 的出现对 SDN 的发展具有里程碑式的意义。NOX 在很大程度上推动了 OpenFlow 技术的发展，也是早期 SDN 领域许多研究项目的基础。NOX 底层模块由 C++ 实现，上层应用可以用 C++ 或 Python 编写。NOX 的框架结构示意如图 5-10 所示。

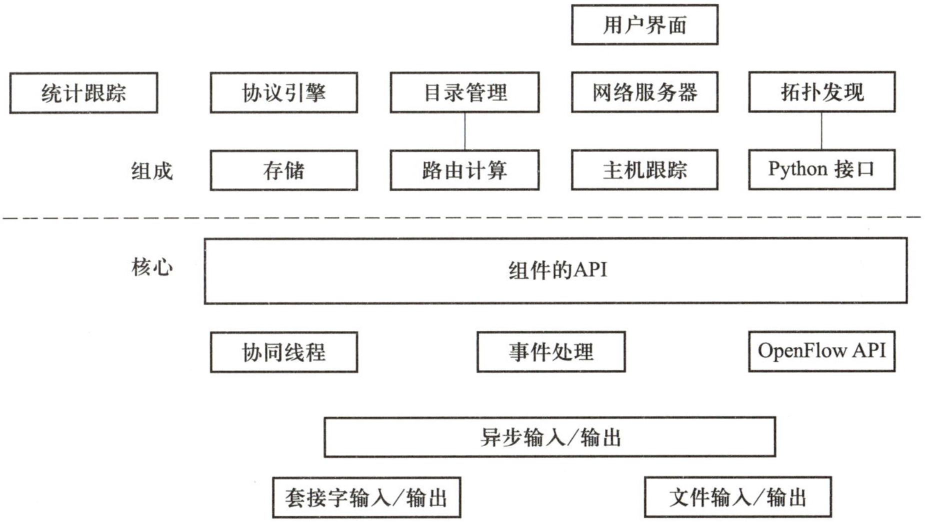

图 5-10　NOX 的框架结构示意

NOX 的核心组件提供了与 OpenFlow 交换机交互的 API 和辅助方法，包括网络服务器和协议引擎，同时还提供了主机跟踪、路由计算和 Python 接口等可选的附加组件。由于 NOX 代码量大且复杂，网络研究者面临着很多问题。因此，2011 年 Nicira 公司重新推出了“兄弟版”的 NOX 控制器 POX。POX 完全用 Python 编写，保持与 NOX 一致的事件处理机制和编程模式。由于 Python 本身简单易学，更容易被研究者接受，得到了广泛的关注和应用。POX 控制器主要包括三个技术特点：一是基于 Python 实现 OpenFlow 接口；二是可以和 PyPy（用 Python 实现的 Python 解释器的动态编译器）捆绑运行，易于部署；三是支持 Linux、Mac OS、Windows 等计算机操作系统，灵活易操作。

为了方便用户开发基于 POX 控制器的各种应用，POX 提供了相应的核心 API 和一系列组件。

（2）Ryu

Ryu 是由日本电报公司主导开发的一个开源 SDN 控制器项目，旨在提供一种强大且灵活的 SDN 控制器。Ryu 是由 Python 开发的，提供了完备而友好的 API。其目标是使网络运营商和应用程序提供商能够有效和方便地开发新的 SDN 管理和控制应用。目前，Ryu 提供了丰富的协议支持及第三方工具，如防火墙 App 等。

Ryu 的整体架构示意如图 5-11 所示。其中，最上层为 OpenStack 和 Web 提供了编程接口，中间层是 Ryu 开发的应用组件，底层是 Ryu 实现的基础组件。Ryu 是基于 Python 模块形式的组件框架设计的。组件以一个或多个线程的形式存在，因此提供一些接口用于控制组件的状态和生成事件是很方便的。事件中封装了具体的消息数据，由于事件用于多个组件，因此事件对象是只读的。

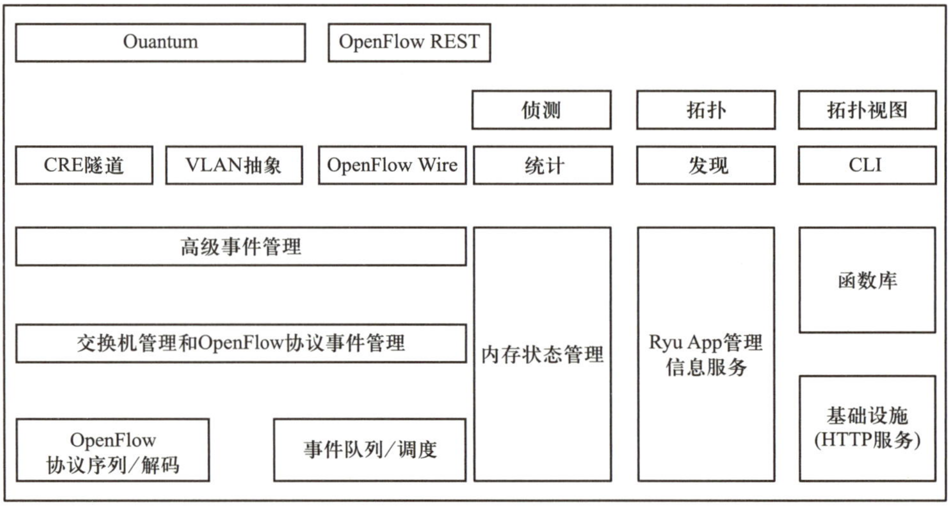

图 5-11 Ryu 的整体架构示意图

注：图中，Quantum 是一个网络仿真框架，用于模拟网络行为和测试网络协议；
OF REST 是 OpenFlow 协议的 RESTful 接口实现；
CRE 是 Ryu 控制器中的一个组件，负责管理控制器的资源；
OF Wire 是 Ryu 控制器中用于处理与交换机通信的低级协议实现；
CLI 代表命令行接口，是 Ryu 控制器提供的用户交互界面。

（3）Floodlight

Floodlight 是一款基于 Java 的开源 SDN 控制器，符合 Apache 2.0 软件许可，支持 OpenFlow 协议。Floodlight 是一款免费的开源控制器，具有与商业版本相同的应用编程接口，使得开发人员能够将 Floodlight 上的程序轻松转移到商业版本的控制器上。

Floodlight 类似于其他控制器，也采用分层架构来实现控制器的功能，并提供了非常丰富的应用，可以在网络中直接部署一些基本功能。此外，Floodlight 还提供了友好的前端 Web 管理界面，用户可以通过该界面查看连接的交换机信息。Floodlight 通过向 OpenFlow 交换机发送流表等手段实现数据包转发决策，从而达到对交换设备集中控制的目的。

Floodlight 整体架构由控制器核心功能和运行在其上的应用组成。应用可以通过 Java 接口或 REST API 与控制器交互。Floodlight 采用模块架构实现控制器的功能和应用。在功能上，Floodlight 由控制器的核心服务模块、通用应用模块和 REST 应用模块 3 个部分组成。核心服务模块为通用应用模块和 REST 应用模块提供 Java API 或 REST API 基础支持服务；通用应用模块依赖核心服务模块，为 REST 应用模块提供服务；REST 应用模块依靠核心服务模块和通用应用模块提供的 REST API。开发人员可以使用系统提供的 API 来创建应用程序，或者添加自己开发的模块。这种模块化、层次化的部署模式实现了控制器的可扩展性。

（4）开放网络操作系统（ONOS）

ONOS 的核心目标是创建一款满足运营商网络需求的开源控制器。

ONOS 正在提升 SDN 和 NFV 的敏捷性，以满足关键任务。增量型 SDN 可以实现传统网络系统的软件定义转换，其控制平面嵌入在网络设备中。革命型 SDN 采用白盒开关，依靠 ONOS 实现实时网络控制。ONOS 支持多种南向协议，包括 OpenFlow，同时提供开放的北向 API。其分布式核心架构采用了多种分布式技术，更新版本的主要目的是提高性能。

ONOS 基于 Java 开发，使用 Maven 构建项目，支持新模块的运行加载和注销。其控制器架构与其他控制器架构类似，大致可分为网元、南向协议层、适配层、南向接口层、分布式核心层、北向接口层和应用层，如图 5-12 所示。

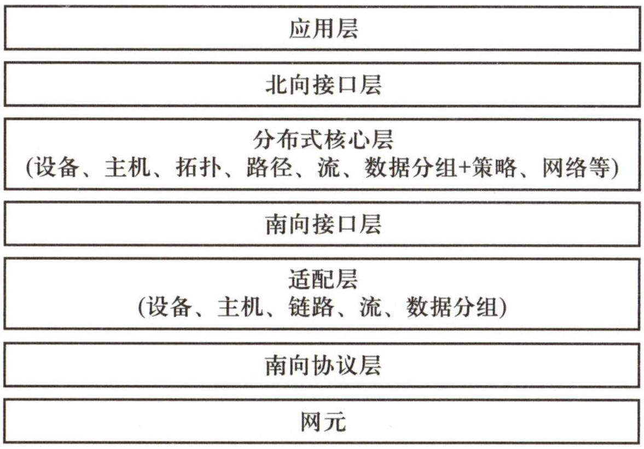

图 5-12 ONOS 的系统架构示意图

其中，南向接口层支持以插件的形式添加新的南向接口协议，以支持 SDN 控制器对 SDN 交换机和传统网络交换机的统一管理，实现网络的平稳过渡。分布式核心层可以实现分布式控制器的信息同步，能满足运营商对可靠性和高性能的要求，从而实现电信级别 SDN 控制平面。北向接口层为应用层提供了许多灵活的编程接口，如网络全局视图接口，以完成应用开发，实现对网络的控制和管理，满足运营商对 SDN 控制器的需求。

此外，在 ONOS 系统体系结构中定义了服务和子系统两个基本概念。其中，服务是由多个组件组成的功能集，根据 ONOS 的体系结构级别创建一个垂直切片，多个组件提供的服务成为一个子系统。ONOS 定义了 7 个子系统，分别为设备、链路、主机、拓扑、路径服务、流表规则和数据报文。每个子系统相互独立，管理着自己的事务，组合成一个有机的整体。

ONOS 各子系统的主要功能见表 5-1。

表 5-1　ONOS 各子系统的主要功能

子系统	功能
设备	管理底层基础设备
链路	管理设备链路信息
主机	管理终端主机以及所处网络位置信息
拓扑	管理时序性网络拓扑视图
路径服务	根据最新的网络拓扑视图计算路径
流表规则	管理基础设施匹配动作的流规则
数据报文	允许应用监听来自网络设备的数据分组

（5）OpenContrail

OpenContrail 是 2013 年由 Juniper 网络公司开发的 SDN 开源控制器。控制器用 C++ 编写，为网络虚拟化提供所有基本组件，用户界面用 Python 编写。OpenContrail 提供了一套扩展 API 来配置、收集和分析网络系统中的数据。它能够与基于内核的虚拟机（KVM）和 Xen 虚拟机管理程序顺利协作，还支持开放堆栈和云堆栈等云平台组合应用。OpenContrail 可以应用在许多不同的网络场景中，目前主要用于以下两种网络场景：一种是云计算网络场景，主要包括企业和运营商的私有云；另一种是运营商网络的 NFV 场景，可以为运营商边缘网络提供增值服务。

在 OpenContrail 系统中，数据模型起核心作用。目前，OpenContrail 系统有两种类型的数据模型：高层级服务数据模型和低层级技术数据模型。这两种数据模型目前使用的是 XML 语法。OpenContrail 系统支持的高层级服务数据模型主要包括租户、虚拟网络、连接策略和安全策略。OpenContrail 系统架构示意如图 5-13 所示。

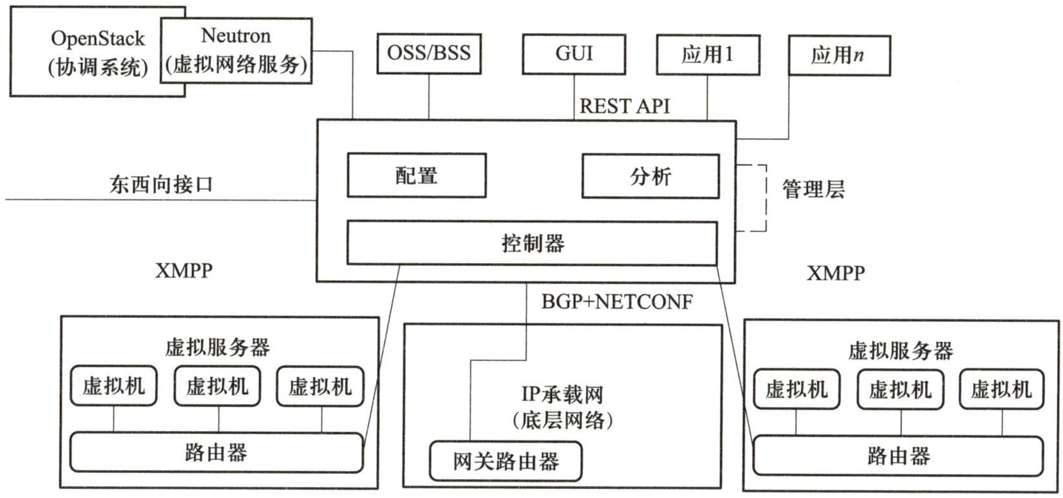

图 5–13　OpenContrail 系统架构示意图

注：OSS/BSS 是网络运营商的一体化、信息资源共享的支持系统。

控制器通过北向 REST API 与编排系统和上层业务进行通信，通过 BGP、NETCONF 等南向协议与网关路由器和物理交换机进行通信，通过可扩展消息与存在协议（XMPP）同虚拟路由器进行通信。vRouter 是数据转发平面，运行在虚拟服务器的 Hypervisor 上，部署在网络环境中，通过服务器到服务器的通道在虚拟机之间转发数据包，从而为数据中心提供虚拟网络服务。

相关链接

控制器主要包括配置节点、控制节点和分析节点 3 个组件。

1. 配置节点

配置节点主要服务于上层应用程序。配置节点一方面向上层应用程序提供北向 REST API，这些 API 可以用于对系统进行配置、获取系统的运行状态信息；另一方面，配置节点包含一个转换引擎，该引擎将高层级服务数据模型组件转换为对应的低层级服务数据模型组件。

2. 控制节点

控制节点实现了一个逻辑集中的控制平面，目的是保持一个短暂的网络状态，同时对节点进行控制，从而保证网络状态的连续性和一致性。控制平面的部分功能仍将以分布式方式部署在网络中的物理路由器和虚拟路由器上。控制节点从配置节点接收配置状态，利用内部边界网关协议（IBGP）与其他控制节点交换路由信息，确保所有控制节点保持在相同的网络状态，利用 XMPP 发送配置状态。控制节点代理计算节点的特定类型流量，XMPP 也接收这些代理请求；控制节点使用 BGP 与网关节点交换路由信息，使用 NETCONF 协议发送配置状态。

3. 分析节点

分析节点主要通过对虚拟和物理网络环境中的信息进行收集、存储、关联和分析，记录网络环境的实时状态和抽象化数据，并以适当的形式呈现给上层应用程序。分析节点使用北向 REST API 与上层应用进行通信，使用分布式同步机制与其他分析节点同步，使用 Sandesh 协议与控制节点和配置节点的组件通信。分析节点使用 Sandesh 收集来自 vRouter、配置节点、控制节点等模块的信息。分析节点包含的组件包括：收集器，与控制节点和配置节点交换 Sandesh 信息；NoSQL 数据库，存储收集的信息；规则引擎，在特定事件发生时自动收集运行状态；REST API 服务器，主要提供用于查询分析数据库和检索运行状态的北行接口；查询引擎，执行收到的北向 REST API 请求，为潜在的大量分析数据提供灵活的访问能力。

第三节　SDN 工业应用

第四次工业革命的核心技术之一是智能制造。智能制造通过监控机器状态和生产环境，可以有效地预测机器故障，优化生产过程。在智能制造的背景下，工业无线网络的规模不断扩大，新的应用不断涌现，导致网络能耗激增。降低网络能耗、提高网络能效已经成为工业无线网络实用化发展的关键。此外，大部分网络化工业设备资源有限，一旦部署需要很长时间，难以根据工业应用需求动态调整网络资源和路由策略，网络的灵活性较差。因此，现有的网络架构已经不适合智能制造环境，迫切需要新的架构和路由算法来支持工业无线网络的发展。

SDN 是一种将控制平面和数据平面分离的新型网络体系结构。控制平面集中式的管理使网络能够基于整个网络视图进行路由决策，提高了新功能部署和实施的灵活性。网络的可编程性使得控制平面和数据平面之间的双向通信成为可能，从而简化了网络管理和调度流程。因此，将 SDN 思想引入工业无线网络的架构设计中，由控制平面基于全网视图进行决策，可以降低工业现场组网设备的复杂度和硬件成本，有效提高网络的灵活性和能效。目前，国内外对两者结合的研究还处于起步阶段，因此有必要研究基于 SDN 的工业无线网络路由算法。控制器根据全局网络状态信息和应用需求动态调整路由决策，平衡网络中节点的能耗，提高网络的能效和灵活性。SDN 还支持网络功能虚拟化，其中整个网络节点类作为一个构建块来工作，它们可以连接起来创建一个用于服务的网络链。由于这些原因，SDN 已经被广泛应用于数据中心网络、车辆网络、智能电网和智能医疗等各种应用中。

为了满足工业服务的质量要求及下一代网络发展的需求，可以基于原模型的 SDN

智能网络架构设计一种实时可靠、面向应用市场的 SDN 智能网络模块，以实现工业信息传输。该模块以智能网络为基础，扩展了多个提供给工业网络的服务，具体包括：针对网络信息传输的实时性和可靠性等服务质量要求，提出了一种新的 SDN 基本体系结构与构建机制，使其能够有效地、充分动态地灵活管理面向技术的网络资源，为实现网络信息传输的实时性和可靠性提供了基本机制保障；研究全网资源的统一建模方法和基于此的网络资源统一配置管理方法，解决网络资源全局动态配置的关键技术问题；以全网资源动态配置和高效的新型 SDN 为基础，以工业信息网络应用为目的，研究实时可靠的 SDN 资源分配策略、规则和方法等。通过软定义网络解决关键技术问题，实现实时可靠的信息传输产业信息网络，为信息融合产业化提供了网络技术支持。

工业环境中的各种应用对 SDN 控制器提出了严峻的挑战。在工业网络中，更大的目标是需要一个自适应的、节能的通信系统。

本章小结

本章阐述了 SDN 的关键技术与工作原理。SDN 是一种数据控制分离、软件可编程的新型网络架构，采用集中式的控制平面和分布式转发平面。控制平面通过控制－转发通信接口对网络设备进行集中控制。网络设备通过接收控制信令生成转发表，并据此决定数据流的处理，不再需要使用复杂的分布式网络协议来决定数据转发。作为 SDN 最初也最具代表性的实现方案，OpenFlow 使用类似于 API 进程配置网络交换机的协议。在 SDN 结构中，控制器是 SDN 的重要组成部分，负责维护整个网络的全局视图，执行策略决策，控制构成网络基础设施的所有 SDN 网络设备等。

本章习题

1. OpenFlow 协议支持哪些信息类型？
2. 简述 SDN 控制器的工作原理。
3. 流表匹配应遵循哪些原则？
4. 简述 SDN 控制器的核心功能。
5. 简述 SDN 控制器的体系架构。

第六章

云制造

本章知识点

- 云制造的概念；
- 云制造的运行原理及体系结构；
- 个性化云制造的运作模式；
- 私有云与公有云的特点；
- 云制造敏捷性的优化策略。

第一节　云制造关键技术

一、云制造概述

中国是当今世界上制造业资源最丰富的国家，但是资源的有效利用率并不乐观，不利于制造业的可持续发展。为了提高制造企业的竞争力，以制造业信息化为特征的制造业改革正在积极而持续地进行。制造业信息化是一项复杂的、战略性的系统工程，旨在提高企业的敏捷性、灵活性和稳定性，增强企业的市场竞争力，为企业的跨越式发展做出重要贡献。当然，在制造业信息化的过程中，不可避免地会出现一些问题。针对制造业信息化发展中存在的问题，一些学者结合现有的先进制造模式，以及云计算、物联网、虚拟化和面向服务技术等新技术，提出了云制造的概念。

云制造融合了现有制造业信息化、云计算、物联网、语义 Web 等技术，通过对现有网络化制造和服务技术的扩展和变革，实现各种制造资源和制造能力的虚拟化和服务化，并进行集中智能管理和运营，实现智能化、通用化、高效化的共享和协调。通过网络为产品的整个生命周期提供及时、安全、可靠、优质、廉价的服务。

云制造是随着现代工业和信息产业的不断发展而出现的一个新名词，是在“制造即服务”概念的基础上，借鉴云计算思想发展起来的新概念。云制造模式下，通过整合互联网技术、电子信息技术、加工制造技术等各种先进技术，可以组合不同类型、不同规模的制造资源，实现资源和服务的高度共享和协同支持，使制造企业以便捷、低成本的租赁方式获得加工设备、模拟测试软件等各种制造资源的使用权，最终提升制造创新能力和产品竞争力，优化产业结构，促进资源的高效、可持续发展。在理想情况下，云制造将能够实现需求与设计、产品开发、样品检验、生产与销售、使用、维护等整个生命周期的制造资源和服务的整合，并形成标准化、规范化和多边协调、高份额的制造服务模式，以适应制造在时间、成本、效率、质量等多方面的要求。虽然云制造已成为现代制造业的发展趋势，但其内涵仍在不断发展，目前还没有一种规范、标准的定义。

云制造以互联网和物联网为支撑环境，旨在满足客户个性化的产品需求，提高加盟制造商的利润，具有智能化、绿色化、低消耗、高可靠性等特征。云制造技术将现有的网络化制造和服务技术与云计算、高性能计算、物联网等技术结合，实现各类制造资源的统一、集中、智能化管理和运营。云制造技术为整个制造生命周期提供按需使用、安全可靠、质优价廉的各类制造活动服务。

二、云制造的运行原理及体系结构

1. 云制造的运行原理

云制造结构可简化为一个核心支持、两个过程和三个参与者，如图 6–1 所示。一个核心支持是指知识，它可以支持资源和能力的虚拟化、访问和动态分配。两个过程指的是云平台上制造资源和制造能力的接入过程和接出过程。制造资源是指加工制造设备和材料等硬件资源，以及软件和数据等软件资源。制造能力是指管理能力、研发设计能力、生产能力等。三个参与者分别是制造资源提供者、云制造运营者和制造资源使用者。

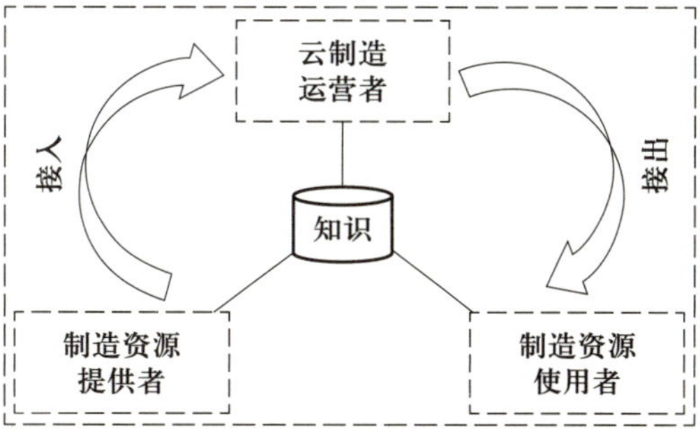

图 6–1　云制造结构示意图

在云制造运行过程中，知识起着核心支撑作用，不仅可以为制造资源和制造能力的虚拟化接入和服务化封装提供支持，还可以为基于云服务的高效管理和智能搜索提供支持。

制造资源提供者通过感知和虚拟化产品全生命周期的制造资源和制造能力，为云制造运营者提供服务；云制造运营者主要实现云服务的高效管理和运营，能够根据资源用户的应用需求，动态灵活地为其提供服务；在云平台的支持下，制造资源使用者可以根据需要动态使用各种应用服务，实现多主体协同交互。

云制造是云制造系统架构的核心，是由大量云制造服务按照一定规则聚合而成的动态云服务中心，能够透明地为用户提供产品生命周期应用服务，是云制造区别于传统网络化制造的关键之一。传统的网络化制造也是通过虚拟化封装技术将物理上分散的资源封装成服务，然后按照一定的顺序组合起来完成一个复杂的任务，但没有将这些服务聚合起来进行有效的运营和管理。

云制造的形成过程如下。

（1）通过采用物联网、虚拟化等技术，先感知分散的资源，然后将资源虚拟接入到云平台，形成虚拟资源，并使其聚集在一个可以按需使用资源的虚拟资源池中。通过虚拟资源的服务化封装、发布和注册，形成云服务。云服务的形成过程即云制造资源和能力的服务化过程。这个过程可以称为制造资源的“接入”。

（2）将异构资源整合到一个统一的基础设施中并进行标准化，从一个专用的资源使用方式转变为一个完全共享的服务提供支持平台，从而为用户提供透明、开放的云服务，即云制造，为制造全生命周期应用程序提供各种服务。这个过程可以称为制造资源的“接出”。

2. 云制造的体系结构

云制造体系结构示意如图 6-2 所示，共分为五层，分别是：物理资源层、虚拟化层、核心中间件层、应用层和用户层。

（1）物理资源层

作为云制造体系结构中的最底层，物理资源层包含各种类型的制造资源和服务，如加工制造设备、代理运算中心、数据服务中心、辅助设计软件等；提供产品制造全生命周期涉及的各种资源，包括制造资源和制造能力，并进行了详细分类，从而为不同资源采用不同的虚拟化技术提供依据。物理资源层包括完全自治域资源和通过付费租赁获得的租赁域资源，租赁域资源用于弥补自身资源在资源类型和制造能力等方面的不足。

（2）虚拟化层

与物理资源层相衔接的是虚拟化层，主要作用是实现物理资源的虚拟化，即通过标准化资源描述、虚拟化资源封装等方式实现物理资源的服务化，这是云制造的代表性特征之一。通过采用相关的虚拟化技术，将分散的各种资源虚拟接入云平台。虚拟资源形成并聚集在虚拟资源池中，从而隐藏底层资源的复杂性和动态性，为云平台提供支撑，实现高效的、面向服务的资源共享与协作。虚拟化层包括资源 RDF 描述、虚拟镜像封装、虚拟资源封装、虚拟资源部署、访问控制配置等过程。

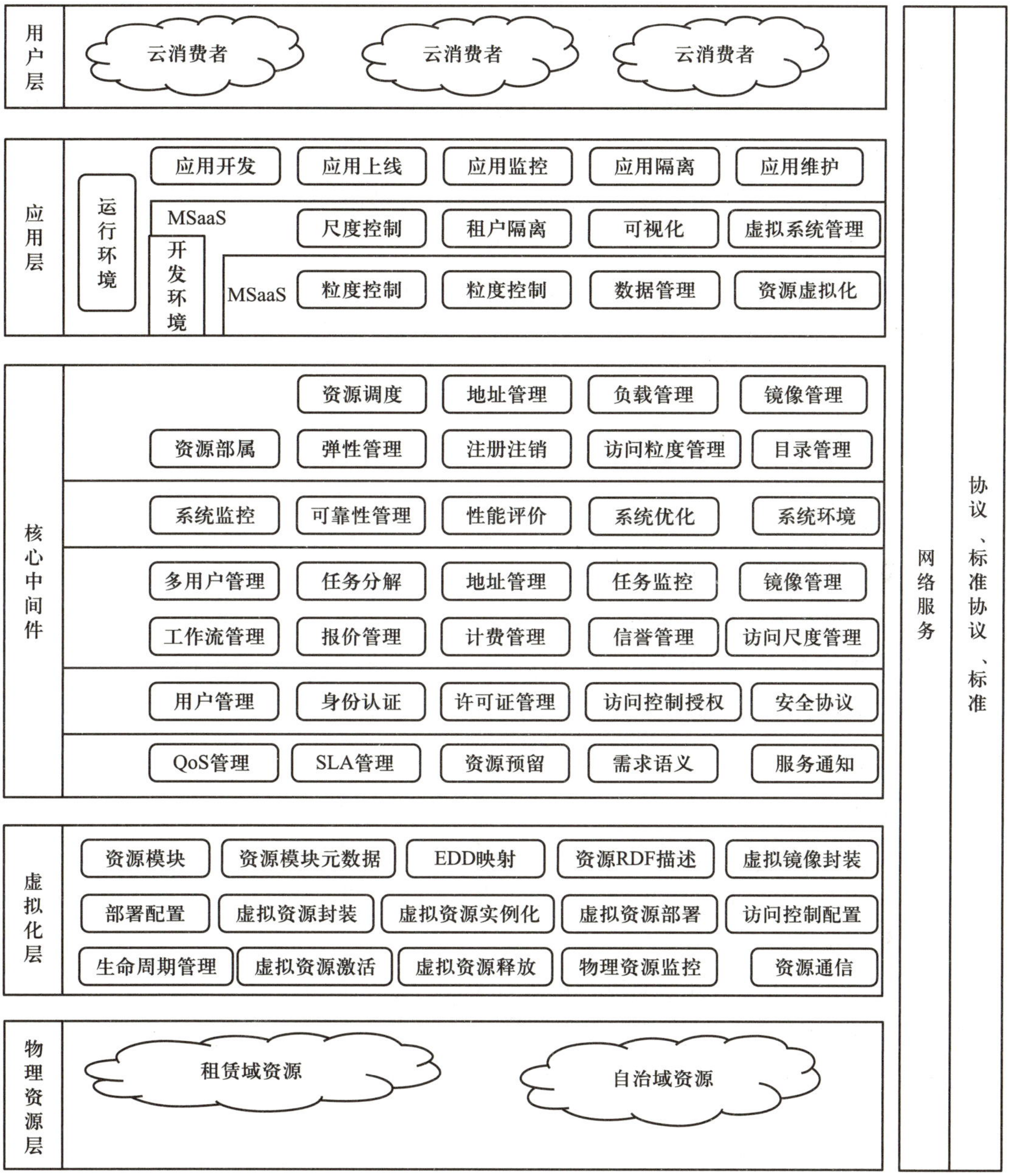

图 6–2 云制造体系结构示意图

（3）核心中间件层

核心中间件层的主要功能是为云制造中的协同共享提供基本辅助，如资源管理、安全管理、服务质量管理等。首先，通过虚拟资源的服务化、封装和发布等操作形成云服务；然后，针对不同类型的云服务选择合适的部署模式，实现对云服务的智能高效管理；最后，为用户按需使用产品制造全生命周期服务提供支持。该层主要包括资源管理、系统管理、任务管理、安全管理、服务管理五大功能中间件。

（4）应用层

应用层为制造业的相关领域和行业提供产品制造全生命周期的各种服务应用，包括制造资源即服务、制造场景即服务、制造应用即服务三种应用层次。应用层主要用于应对资源使用方在制造过程中的各类需求，有针对性地提供各类服务。用户可以通过不同的终端与云制造进行交互，支持主要任务的高效协作。

（5）用户层

用户层主要是提供规范、安全的用户界面，方便用户随时随地实现对各类制造资源的访问，以一致的配置条件和访问权限访问云制造系统提供的各种服务。

三、云制造的特征及关键技术

1. 云制造的特征

云制造继承了云计算大规模、高可靠性、可扩展性强、按需服务、价格低廉等特点，有别于以往的网络制造、网格制造等制造模式，具有以下代表性特征。

（1）以服务和需求为导向

云制造充分体现了制造即服务的理念，改变了传统的产品制造形式，如面向设备、面向资源、面向订单、面向生产等。利用云平台，根据云请求方的不同需求，快速组织云提供商按需生产、调度、租赁和使用，从而实现真正的面向服务和面向需求。

（2）多租户

云制造系统包含大量共享资源，可以为大规模租户提供制造资源，并可以通过多租户隔离、动态优化、资源灵活配置等技术保证服务质量。

（3）不确定性

在云制造中，云服务并没有唯一的最优解决方案来满足制造需求，而是通过目前的技术和方法获得一个满意解或非劣解。这就是云制造的不确定性制造能力，包括云制造任务的描述、任务与云服务的映射与匹配、云服务组合选择、制造结果评价等方面的不确定性。

（4）高稳定性

在云制造的共享资源池中，存在各种类型的制造资源。不同的资源可以实现功能互补，相似的资源可以实现协同支持。因此，从系统的整体来看，制造资源可以自主地应对设备故障、租赁期延长等现象，使云制造模式更加可靠、稳定。

（5）用户参与

云制造致力于构建一个制造企业、客户和中介能够充分沟通的公共制造环境。在云制造模式下，用户参与环节不局限于传统的用户需求和用户评价，而是渗透到整个制造生命周期的每一个环节。

（6）透明和集成

云制造尽可能高度抽象和虚拟化所有制造资源、能力、知识等，形成用户可见且易于访问的“电源接线板”，即云制造服务。当用户使用云制造服务进行各种制造活动时，这些服务的调用是透明的，即制造实施的所有操作细节都可以对用户“隐藏”，使用户将云制造系统视为一个完全无缝的集成系统。

（7）支持多用户

云制造不仅体现了“分散资源集中利用”的理念，还能有效实现“资源集中、服务分散”，从而为分布在不同地理位置的多个用户提供服务调用和资源租赁等。

（8）支持按需使用和付费

云制造是一种以需求为驱动、按需付费的新型制造模式。云制造模式下的用户使用云制造服务中心的云服务，采用需求驱动、用户主导和随用随付的模式。用户根据自己的需求调用或合并现有的云服务并支付相应的费用，无须过分关注制造资源服务提供给自己的信息。用户与制造资源提供者处于即用结合、即用支付和使用后解散的关系。

2. 云制造的关键技术

云制造的关键技术主要包括以下五个方面。

（1）云制造系统的体系架构、运行模式、相关标准及规范，主要包括云制造形成的充分必要条件、稳定条件和演化机制；云制造架构；云制造的组织和运营模式；云制造的相关标准、协议和规范。

（2）制造资源和制造能力的云端化技术，通过虚拟资源封装组件的服务方式，形成云端资源网络服务。

（3）云制造服务的综合管理技术，主要包括访问控制技术，涉及共享资源的粒度管理、多资源的尺度管理；多租户技术，可以保证云资源需求方得到定制化的云服务，涉及租户认证及许可等。

（4）云制造业务管理模式与技术，涉及资源管理、任务管理、服务管理等。

（5）云制造安全与可信制造技术，是云制造系统稳定、安全、有效运行的保障。

作为网络技术、电子信息技术、加工制造技术等多种先进技术的融合体，云制造的实现面临诸多关键技术的挑战。

（1）基础理论和标准规范

主要指从宏观层面研究云制造的基本理论、体系结构和相关标准规范，包括云制造的演进机制、组织运营模式、运营规范、相关标准和协议等。

（2）资源虚拟化技术

作为云制造的基础，如何虚拟化制造资源和能力以及访问云平台是云制造的核心基础之一。主要涉及资源和能力的标准化描述、虚拟资源封装、虚拟资源管理和控制等。

（3）多租户技术

多租户技术是实现用户隔离和按需服务的前提，涉及租户身份认证、个性化配置、按需服务和计费、制造流程和数据隔离、制造资源和能力的灵活部署、访问冲突和控制等。

（4）访问控制技术

访问控制技术主要用于确保用户合法合理使用制造资源和制造能力，是云制造中实现资源共享和高效协作的支撑技术之一，主要涉及制造资源和制造能力多粒度的权限描述，不同需求下的访问权限配置，动态灵活的访问策略实现等。

（5）安全保证与可信制造技术

云制造的安全可靠运行是提供制造服务的基础，可信制造技术是实现云制造可持续发展和优化的保障，二者相辅相成，有助于实现云制造的高效发展。涉及可信认证和评估、服务质量保证与评价、制造过程跟踪与管控等。

（6）一体化管理模式和技术

云制造管理技术作为云制造的主体，涉及用户管理与计费、资源与能力部署、制造任务分解与控制、服务流程监督、冲突解决等方面。

四、云制造的研究现状及未来展望

1. 云制造的研究现状

云制造的概念被提出后，引起了国内信息科学领域理论界和实践界的关注。信息科学领域的学者们对云制造的结构、关键技术、资源服务管理与优化配置、协同设计平台等问题进行了研究。相比之下，社会科学领域对云制造方面的研究很少。社会科学领域学者的主要关注点包括利用云制造服务对地区制造业网络进行战略分析；基于平衡计分卡方法分析云制造服务价值网络的战略风险；探讨云制造理论对协同制造模式发展趋势的影响；延迟策略在云制造服务模式下的实施情况。因此，云制造在社会科学领域中的研究还处于起步阶段。

此外，云制造、敏捷制造、网络化制造的联系和区别，云制造的内涵和特征，云服务管理系统的功能结构，云制造环境下用户界面的特点，云制造多粒度访问控制技术，云制造架构等研究领域也备受关注。同时，也有一些学者以集团企业为研究对象，提出了云企业和云制造服务的概念（云平台由服务构建平台和服务标准规范集组成），并提出了包括云制造虚拟化管理器和服务软件在内的支撑平台。

2. 云制造的未来展望

云制造作为一种新的制造模式，为制造业信息化提供了全新的理念和模式。云制造研究需要政府、行业和学术界的共同努力，其应用将是一个长期渐进的过程，而不是一蹴而就的项目。云制造的发展仍然面临许多关键技术的挑战。除了云计算、物联网、语义网、高性能计算、嵌入式系统等技术，基于知识的制造资源云化、云制造管理引擎、云制造应用协同等技术仍是未来面临的重要技术问题。因此，云制造的发展需要多方面的协同努力，以促进制造业的可持续化和信息化发展。

第二节　云制造应用模式

一、个性化云制造模式

1. 个性化制造

个性化制造的运作模式为“总体结构设计—销售—个性化设计—制造”，与传统生产方式有很大不同。个性化制造以客户为中心，企业需要提前设计产品的大体框架，然后在销售过程中与客户充分交流，完成个性化设计，最终制造出结合客户喜好的产品。

企业组织个性化制造生产比组织大批量生产更加困难，具体原因如下。

（1）受企业资源的限制，单个企业往往存在核心技术单一薄弱的问题，当不同客户提出定制需求时，企业难以满足客户的所有需求。

（2）个性化制造耗时更长，在个性化设计后才能组织生产，不具备大批量生产的时间和成本优势，同时也给企业的资金周转带来压力。

（3）由于客户需求的差异，企业难以进行连续生产，前期投入的成本难以回报。

因此，实施个性化制造的企业应与其他企业密切合作，共享资源，充分利用彼此的优势，通过分工合作，降低生产成本，提高生产率。

2. 个性化云制造

云制造模式要真正在制造业的实践中应用，就应该适应企业具体的组织结构、产品制造、组织文化等管理模式。云制造模式既是一种技术手段，也是一种与企业密切相关的管理手段，必须与企业的管理模式相匹配。云制造的探索和实践需要充分结合企业的组织特点和制造特点，不能盲目使用和借鉴。要全面制定企业信息化战略和规划，关注云制造模式的最新趋势，积极实施云制造模式。在构建和应用云制造模式时，需要注意以下几点。

（1）云制造建设要做好统筹规划

云制造建设的统筹规划是企业云制造应用实践的第一步。云制造建设是一系列投资巨大、项目周期长、信息架构复杂的项目，也是实现制造业转型升级的重要信息化建设项目。因此，构建云制造要注重信息架构的整体规划和顶层设计，为项目开发和实施打下良好的基础。

（2）实现云制造技术创新与突破

云制造项目建设要坚持技术创新。云制造技术融合了信息技术、云计算技术、物联网技术、高性能计算技术、服务计算技术等先进新兴技术。信息技术的快速发展促进了信息化和工业化的快速融合，使云概念应用于制造业成为可能；云计算技术为企业制造过程中所需信息的智能处理和决策提供技术支持；物联网技术为企业实现物物互联和智能制造提供技术支持；高性能计算技术为企业解决复杂制造问题和大规模协同制造问题提供技术支持；服务计算技术为企业快速重构虚拟化制造服务环境提供技术支持。云制造是一个非常复杂的系统，其关键技术包括通用技术、云制造资源感知和访问技术、云制造资源技术、能力虚拟化和服务技术、虚拟化云制造服务环境的构建和管理技术、虚拟化云制造服务环境的运行技术、虚拟化云制造服务环境评估技术、云制造可信安全制造服务技术、云制造人机交互技术等。

借助云制造技术和云制造集成平台，企业可以推进企业信息化进程，提高企业运营效率，实现产品生产研发同信息流、物流和资金流的集成和优化，有效提高产品附加值或服务满意度。因此，企业应重视云制造技术的创新和突破，为智能化、绿色化、信息化和服务化发展提供信息支持和技术支持。

（3）构建开放式云平台

开放式云平台可以加快在全行业实现数字生产效率的转型，并建立一个开放的社区，为整个制造业价值链的合作创造新的机会。因此，云制造的建设不能局限于集团企业，集团企业要有更长远的眼光和更开放的思维，将开放的云平台思维融入集团企业云制造项目建设的总体规划中，打造开放的开发界面，让中小企业实现云平台即插即用的理念。

（4）注重云平台运营安全

云平台运营的安全性涉及集团及其下属企业的隐私，如数据隐私、信息隐私、战略规划、技术等，因此，保证云平台的运行安全对企业的发展至关重要。云安全不仅与云技术水平有关，更重要的是，它涉及云制造运营的安全策略，甚至危及企业的整体发展。虽然安全信息技术在不断完善和提高，有各种网络安全技术来保护云平台，但基于互联网的用户隐私信息泄露时有发生，对相关企业将产生重大影响。对于制造业来说，竞争是基于核心技术的竞争，制造技术的泄露会对相关企业造成沉重打击，而且会影响企业整个云制造项目活动的推广使用。只有保证云平台的安全运行，才能为云平台的用户和参与者提供保障。因此，在构建云制造项目时，必须注意加强云平台运营的维护，提高云平台的安全性。

企业将大量制造业务、相关制造资源和制造信息迁移到云平台，企业内部核心数据也放置在云上，因此，保证云平台上业务和核心数据的安全是云平台建设中需要关注的首要问题。保证云平台上的数据流、信息流、资金流等核心数据不被泄露，及企业的相关信息资源在网络或机器出现故障时不被丢失等，都是构建云平台与维护平台正常运行时应当考虑的重要问题。

此外，企业应该加强信息安全保障，可以从以下几个方面入手。

1）坚持贯彻云平台信息安全保护体系，建立完善的数字认证和安全评估等公共安全基础设施，始终坚持以建立网络和信息安全为目标，及时更新加密技术和认证技术。

2）增强云平台的信息安全意识，提高云平台参与者的自我防范意识，严格防止云平台企业、员工、技术等相关隐私信息泄露。

3）建设安全电子交易系统等安全系统，规范电子认证服务，推广数字证书、数字签名等安全应用。

4）推动云制造模式下信息安全标准规范的制定和实施，构建安全认证体系，为云制造项目建设构建基于数据安全和隐私安全的保护环境。

二、构筑集团企业的“私有云”

1. 私有云应用模式的发展趋势

随着企业事务信息化的推进，企业在行政、财务、人事、生产、仓储以及销售等方面的日常管理，基本上都要依赖于网络系统来完成。因此，庞大的数据中心不仅是企业管理效率的倍增器，也是企业不得不承受的巨大负担。私有云（Private Clouds）是一种创新的 IT 应用模式，它通过硬件虚拟化将大量的服务器硬件抽象成一个巨大的资源池，能够以基础设施、平台和应用的形式动态地为用户提供服务。私有云是基于企业自身设施，为企业客户单独使用而构建的，可以提供对数据、安全性和服务质量的最有效控制。企业拥有基础架构，并可以控制如何在此基础架构上部署应用程序。在私有云环境下，服务器利用率的提高会大大提高数据中心的工作效率，更灵活的应用部署也会带来管理效率的提高。

私有云的核心在于部署的服务器只提供给一个特定的组织或单位使用，至于服务器部署在哪里、由谁来负责管理等问题，没有太过严格的规定，一般都是由企业的管理者决定。私有云服务器的部署位置有两种，一种是部署在企业内部，称为本地私有云；另一种是托管在别处，称为托管私有云。有些企业更偏向于把重要数据和重要应用部署在本地私有云上，虽然由自己掌控的安全感更高，但是相应的前期搭建费用和后期运维费用也会相对更高。托管私有云由于服务器托管在公司外部，企业本身无法完全控制其安全性，所以需要与信誉好、资金雄厚、抵御天灾人祸能力较强的托管企业合作。

在领导者象限中，华为拥有较为完整的云计算产业链，在企业级数据中心市场具有广泛的客户基础；易捷行云作为专业的私有云提供商，在金融市场表现突出，完成中国最大IT央企中国电子战投后向政府市场发力；VMware虚拟化产品拥有广泛的市场基础，但在私有云系统平台市场的表现和全球有较大落差；阿里云作为公有云IaaS（基础设施即服务）+PaaS（平台即服务）的头部厂商，在私有云领域也备受期待。下面简单介绍这几种主力厂商在私有云上的表现。

2. 集团企业应用私有云的必要性

（1）长久成本考量

私有云能够为企业降低成本、提升效率。通常，私有云初期造价比公有云高，但长远来看企业自建私有云比租用公有云更能节约成本。此外，从税务角度看，财务上固定资产投资可以抵扣税款，公有云属于服务类，无法进行税款抵扣。私有云可以提升企业的生产效率，为企业带来更多收益。

（2）国家政策利好

近年来，“企业上云”受到了我国政府的高度重视，连续出台政策引导企业上云。2018年，工业和信息化部印发了《推动企业上云实施指南（2018—2020年）》，明确提到了大型企业可建立私有云，部署数据安全要求高的关键信息系统。2019年，国家互联网信息办公室、国家发展和改革委员会、工业和信息化部、财政部联合印发《云计算服务安全评估办法》。2020年，国家发展和改革委员会、中央网信办联合印发《关于推进“上云用数赋智”行动 培育新经济发展实施方案》。这些政策体系完善、针对性强，将全面推动我国企业和政府机构“上好云、管好云、用好云”，科学、安全、高效地进行数字化转型。

（3）实践日趋成熟

随着云计算技术的日趋成熟，中国制造企业越来越认识到云计算的价值，尤其是私有云。出于对成本、安全性、扩展性等方面的考虑，企业更倾向于选择私有云。此外，与公有云模型相比，私有云模型也更容易构建。在我国，许多制造集团企业正在积极探索私有云模式的应用，并取得了良好的效果，使云技术在企业管理过程中发挥着越来越重要的作用，进一步激发了制造企业集团对“私有云”模式的潜在需求。信息化在制造企业的整个生命周期中发挥着越来越重要的作用，推动着制造企业从传统生产企业向智能化、数字化、绿色化的新型企业转型，推动着企业传统业务的深刻变革，不断推动着制造业的升级。集团企业私有云平台已成为企业深度转型的重要指南，并不断推进商业化深度融合。

3. 私有云的应用场景

私有云可以满足企业的个性化需求，保护企业的隐私。企业私有云平台主要有以下几种应用场景。

（1）应用于开发测试，以增强敏捷性，缩短发布周期

对于有开发团队的企业来说，构建企业私有云可以为开发人员提供几乎即时的按需分配的硬件资源，让开发人员可以根据需求快速申请计算资源。另外，通过克隆和快照功能可以实现快速错误重现和故障排除，让开发人员在性能和质量有保证的情况下获得并保存更多的测试结果。

（2）更快、更方便地迁移和升级企业应用程序

通过网页可以在几分钟内建立虚拟数据中心，模拟服务器集群和容灾配置，使程序迁移的测试、集成和验证更早开始，而且项目将不再依赖硬件采购周期的稳定性。这种场景适合将由服务器群组组成的传统企业应用环境迁移到云平台。

（3）应用于 IT 程序孵化器和沙箱

大多数应用程序涉及大量硬件和系统操作，搭建或拆除它们往往需要耗费大量的人力、物力，而且非常耗时，尤其是在模型沙箱阶段，不可预测的需求变化通常会导致频繁建造和拆除。通过构建一些“模板”，可以快速部署一些企业级应用程序。

（4）应用于动态数据中心

私有云可以解决传统数据中心中硬件资源有时闲置、有时不足的问题，通过对资源池的有效监控和管理来进行动态分配。

4. 私有云的应用建议

（1）加快业务数字化转型

随着大数据时代的到来，IT 架构云化、企业系统平台和业务上云已成为大趋势。特别是对于大型企业和政府单位，IT 系统冗余，有大量资源闲置和浪费，而通过私有云系统平台能够有效整合、计算、存储网络资源，提升资源利用率，降低企业信息化建设成本。

企业可以基于私有云模式构建云数据库、云内容管理模块、搜索引擎和云数据分析模块，从企业的整个生命周期中提取关键数据并进行深入分析，真正发挥数据的潜在价值。此外，企业上云也是重新梳理企业的业务流、数据流的新机遇，用云赋能企业业务，加快新一代企业级应用，加速企业数字化转型。

（2）选择可靠云厂商

私有云部署的专业性很强，不同行业业务差异明显，不同云厂商的能力不同。企业用户应根据自身业务需求和行业特点，选择在该领域有较深经验和技术积累的厂商。因此，在上云之前，需要对已经上云的企业和政府用户进行调研，与这些企业、政府用户和相应的服务商进行沟通，充分了解同行业的上云解决方案和具体流程，深入分

析各云厂商的优缺点，根据自身的业务特点和 IT 架构选择适合自己的云厂商，实现业务的稳妥上云。

5. 私有云未来发展趋势

私有云有很大的发展空间，企业选择自主构建私有云在一定规模下将更加经济，无须申请公网 IP 和专线连接，还可同时利用云计算的调度灵活、高可靠性等特点，减少服务器、存储器等硬件设备及相关软件的采购，明显降低总体成本。

然而，传统的私有云仍然面临着挑战。在部署方面，传统私有云可以通过定制来满足企业数据中心的软硬件环境多样化，支持不同行业用户的复杂业务，但建设周期长，用户无法按需购买、灵活扩展，时空灵活性不强。在应用体验方面，目前传统私有云从虚拟化起步，难以无缝整合上层生态系统，从而难以实现从 IaaS 到 PaaS、SaaS 的多元化云服务能力支持。在云趋势下，企业用户很难获得私有云和公共云的一致体验，当务之急是从云计算的整体角度考虑设计云时代的新一代私有云，让云的公共部署和私有部署有一致体验。

传统私有云系统平台无法实现平滑升级和自动化运维。具体来说，大多数传统的私有云系统平台采用非产品和定制的项目交付模式。这种模式在云平台的升级和运维中存在以下问题：升级一般采用新建和割接两种模式，不是真正的升级；运维一般采用厂家现场运维和用户本地运维两种模式，故障检测和维护需要运维团队在现场进行。另外，传统私有云定制程度高，产品不够规范，不容易大规模复制，版本碎片化使得运维复杂，厂商很难设置规模壁垒，迫切需要一个升级流畅、运维自动化的新一代私有云系统平台，以推动新一代私有云的服务部署和以自动化运维为主、本地运维为辅的轻型运维模式。

新一代私有云将逐步对虚拟化市场实现升级，并对传统私有云市场实现替代，是从新一代企业级应用需求出发，以用户数据为核心，兼顾数据中心复杂的软硬件环境，具备平滑升级的特征，在交付、升级和运维方面能够按需提供云服务体验，实现从云软件到云服务的跨越。新一代私有云的特征如下。

（1）一体化

相较传统私有云聚焦系统平台层，新一代私有云趋向架构一体化以实现计算、存储、网络等核心基础云服务的一体化，以 API 一体化融合应用生态，实现从 IaaS 到 PaaS、SaaS 的全栈私有云。

（2）场景化

相较传统私有云的定制化和项目制，新一代私有云以支撑大数据、人工智能、物联网、5G 等新一代企业级应用场景为核心，以产品化、场景化的标准模式满足不同行业客户的复杂需求。

（3）升级化

相较传统私有云新建或割接的升级方式，新一代私有云实现了平滑升级，以敏态模式满足客户业务场景的平滑演进，支持按需付费的云服务模式。

从发展方式上看，新一代私有云主要有两种模式。

（1）以私有云产品的演进为代表

这种新一代私有云以满足企业数据中心的复杂环境为设计初衷，以企业数据为中心，实现了私有云系统平台的高内聚和低耦合，以及软件和硬件的解耦，兼容数据中心主流的基础设施，支撑企业级应用云化，实现私有云的服务化，并在多云环境下实现私有云和公有云企业级应用的一致体验。这类模式以 VMware 的 Project Pacific 和易捷行云的 EasyStack ECS 为代表。

（2）以公有云产品的延伸为代表

这种新一代私有云以公有云为设计初衷，最大特点是公有云服务在企业数据中心防火墙内的延伸，使云的公有和私有部署具有一致性。这是一种软硬一体化的解决方案，虽然部署位置与私有云类似，但其交付、运维、升级等服务模式本质上是公有云服务模式的延伸，也是按需租赁，云厂商统一进行在线远程运维。这类模式以 AWS Outpost 和 Azure Stack 为代表，华为云 Stack 针对国内企业的诉求有不同的阶段性产品。

三、搭建中小企业的“公有云”

公有云是指云计算服务商利用公共网络，以低廉的价格或免费向所有客户提供具有弹性的计算资源和服务，允许用户根据服务使用量支付费用的云计算模式。使用公有云服务可以实现规模经济和共享资源，有助于减少成本和提高资源利用效率。从政府机构角度来看，使用公有云服务，意味着任何行业的企业部门在管辖范围内的区域，都可使用相同的服务，无须规定数据将存储于何处；从企业角度来看，使用公有云服务，可有效降低技术开发和维护费用，并能快速、灵活地扩展计算资源和服务需求，助力企业数字化转型升级；从个体用户角度来看，使用公有云服务不仅可以实现不同设备间的数据共享，还能降低开发的技术门槛和购买计算资源的成本。

公有云不同于私有云，公有云平台对外开放，是一个使很多中小企业的制造业务平台化、网络化、共享化的开放服务平台，而私有云平台主要是集团企业及其下属企业的服务平台。

1. 公有云平台的特点

（1）资源的广泛性

与私有云平台相比，公有云平台使用虚拟化技术、封装技术等先进技术，对各种中小企业的制造资源和制造能力进行虚拟化和封装，发布并集中存储后，作为服务提供给用户。公有云平台可以有效摆脱地理空间的限制，整合更多的企业资源和能力，实现用户需求、数据信息和制造资源的有效收集和规范管理。

（2）服务的多样性

公有云平台不仅聚集了众多资源，还可以为中小企业提供各种云服务。此外，云平台还可以为中小企业提供生产流程优化再造、生产流程参数优化决策、管理协同服务等业务模式，实现云制造服务与中小企业核心技术的深度融合，有效满足中小企业个性化发展和成长的需求。中小企业还可以通过云平台上的服务搜索引擎和管理工具集，快速发布订单需求，搜索相应的服务供需能力，实现服务交易的在线协作，从而帮助中小企业提高制造资源的配置效率，真正为用户提供按需分配、按量定价的便捷服务。

（3）交易的不确定性

公有云平台交易的不确定性主要体现在交易模式上。根据中小企业的具体需求，云平台有自主选择、平台推荐和平台交易三种模式。自主选择模式是指中小企业用户主要通过云平台上的搜索功能，根据自己的业务需求搜索特定的服务供应商，然后与所寻找的服务供应商进行合作协商。平台推荐模式是指云平台积极推广相关业务服务供应商的信息，如加工服务商、设计服务商、决策服务商等。根据平台提供的信息，中小企业可以选择自己的交易对象，并与相关的服务供应商进行合作协商。平台交易模式是指中小企业用户将自身业务需求输入云平台，由云平台选择服务解决方案，用户并不了解是哪个供应商提供的产品和服务。因此，用户在云平台上交易的方式是多种多样的，交易方式的不确定性也会导致交易对象的不确定性。

（4）服务平台的市场性

公有云平台具有一定的市场性。云平台的运营维护需要建立一定的利益分配和协调机制，如会员制（会员每年需要缴纳固定费用）、交易佣金（根据交易金额提取一定比例的佣金）等，使云平台的资源服务供应商、需求方、平台运营商等相关参与者获得应有的利益，实现中小企业与云平台运营商的双赢。只有这样，才能激发中小企业参与云平台的积极性，及时更新和升级云平台运维的要素，促进中小企业和云平台的可持续发展。

2. 我国公有云的发展情况

我国公有云市场起步于 2007 年，历经萌芽阶段、启动阶段、调整阶段后，现已进入高速发展阶段。我国公有云市场发展历程如图 6–3 所示。随着人工智能、大数据、物联网等技术与公有云技术的进一步融合，公有云服务的深度和广度得到进一步延伸。未来，公有云服务将向更多行业渗透，帮助企业提升运营效率，提高产出价值。

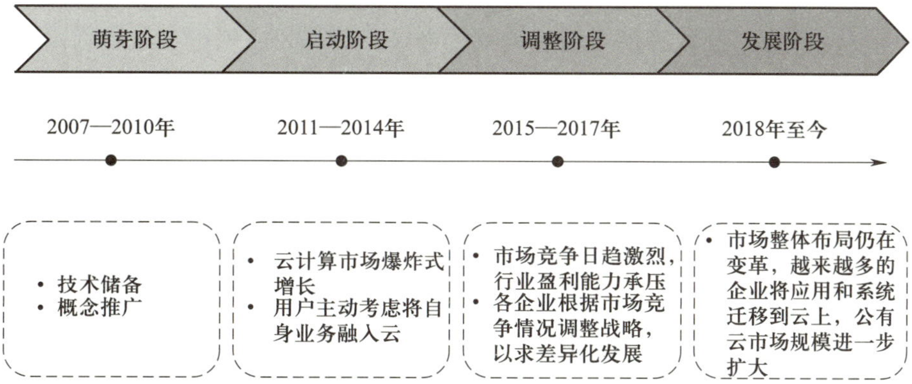

图 6-3 我国公有云市场发展历程

（1）萌芽阶段（2007—2010 年）

在公有云萌芽阶段，虚拟化、网络化、分布式、并行计算等技术趋于成熟，公有云概念在该时期基本成型且得到大力推广。阿里云、腾讯云的先后成立，标志着公有云雏形初现。但是，公有云的解决方案和商业模式均在尝试中，用户对于公有云的认知度较低。

（2）启动阶段（2011—2014 年）

在公有云启动阶段，布局公有云业务的企业数量明显上升。一方面，得益于云计算技术不断迭代更新，公有云进入快速启动期。另一方面，腾讯云、阿里云等成功案例不断涌现，用户对公有云的了解和认可程度不断提高。2011 年是中国公有云增速爆发的一年，大量企业开始进入公有云市场。另外，外资公有云服务商纷纷选择与国内知名企业合作进入中国市场，通过外资企业提供技术与服务、本土企业负责运营管理的商业模式，加速了公有云的启动。

（3）调整阶段（2015—2017 年）

在公有云调整阶段，公有云市场参与者不断增多，市场竞争日趋激烈，公有云服务同质化问题凸显。如何解决服务同质化问题、显现企业特性成为公有云服务商面临的难题。为抢占市场先机，公有云服务商展开价格战，受此影响，小型服务商陷入生存困境。2015—2017 年，较多公有云服务商处于亏损状态，公有云市场营利能力承压。为解决此问题，多数公有云服务商采用调整企业发展战略的方式，寻求差异化发展，抢占细分市场份额，从而提高盈利空间。同时，公有云服务商通过向不同领域、行业渗透的方式扩大公有云服务的应用市场。随着公有云的应用领域不断扩大，资本市场对公有云市场的关注度不断提升。

（4）发展阶段（2018 年至今）

随着公有云服务领域的范围不断扩展，越来越多的企业将云计算技术融入应用和系统中。“互联网+”带来传统行业的变革浪潮，具有高弹性、高扩展性的公有云服务方式成为传统行业向互联网模式转型的重要途径。公有云应用正在从互联网行业向政府、金融、工业等行业延伸渗透。

3. 公有云市场发展趋势

（1）安全问题成为未来公有云服务关注的重要领域

公有云服务具有共享性资源服务特征，因此存在一定的安全性问题。例如，运维流量遭到威胁、运维管理接口暴露面增大、账号及权限管理困难、操作记录缺失等。

一系列安全问题导致用户对公有云服务产生怀疑，因此未来公有云服务商将结合公有云服务的特点和安全需求，致力于在加密技术、信任技术、安全解决方案和模式上投入更大的研发力量，以获取突破性进展。未来，公有云服务商将在安全管理平台以及恶意软件检测应用中投入大量资金和科研力量。加强网络安全建设将是整个公有云行业关注的重点领域。目前，安全服务提供商可为缺乏安全保护手段的企业提供外包安全服务，以保障企业信息安全。

（2）人工智能在公有云服务中的应用趋势增强

2017年以来，谷歌、亚马逊、微软、腾讯、阿里巴巴等公有云服务商相继推出人工智能平台。云计算服务商需要通过利用人工智能达到智能化运维、智能化安全防护以及降低成本的目的。

（3）公有云应用市场将逐渐渗透各行各业

基于云服务在行业应用中节省成本、拓展应用、充分利用资源的理念，推动云服务向绿色环保和资源节约型方向发展，符合行业发展中控制成本、节省资源、保护环境等多方面的需求趋势，云服务的应用场景将更为广泛。

目前，我国公有云服务在金融和政务领域发展潜力巨大。金融领域中，公有云的安全隐患使金融企业在选择上采取谨慎态度。为减少企业公有云选择顾虑，公有云服务商针对金融行业用户的需求特点，推出定制化服务以满足银行、保险、证券、基金等金融机构对用户信息及数据安全的需求，提高金融公有云用户的附加价值。政务领域方面，政府部门除对数据安全性有高要求外，还对智慧城市建设、数据整合、舆情分析等方面工作有大量云服务需求。

4. 公有云发展面临的挑战

（1）安全技术不完善

现阶段，云安全技术仍不完善。由于云计算技术的不断进步，数据保护、终端防护、虚拟环境的风险管理等信息安全问题变得更加复杂。公有云服务存在非授权访问和内部信息泄露的风险，目前尚未搭建大规模的公有云平台，多数企业选择在其内部构筑私有云系统以确保其内部数据信息的安全性。

（2）网络带宽不足

公有云服务对网络带宽具有高要求，网络带宽的局限性易引发服务中断等问题，会对云计算行业的发展造成严重制约。可靠的、低成本的、易获取的宽带资源是公有云市场发展的前提和基础，网络接入的带宽质量直接影响客户体验。若网络带宽达到峰值，企业将面临网络瘫痪的风险，无疑会给企业造成巨大损失。

（3）服务标准不统一

搭建公有云平台，要求在技术层面实现互通、互联。目前，公有云市场尚未确定统一的服务标准，较难实现将用户的数据和应用程序往其他公有云服务上迁移，这无形中将用户和其选择的服务商捆绑在了一起。一些企业为云计算自建平台，将其作为内部数据和服务的载体，然而各个企业平台间的数据和服务在语法、语义上存在差异，阻碍了数据间的信息共享和交换，导致各企业的设备与平台难以实现互联集成。面对未来传统企业上云的需求增大，混合云和多云架构方案将被广泛采用，而目前现有的行业标准、监管政策不统一等问题，急需行业、政府、研究机构等共同推动解决。

5. 中小企业应用公有云的建议

（1）选择至少两家全栈公有云服务商

全栈公有云服务商不仅提供单个 IaaS、PaaS 或 SaaS 产品，还提供覆盖 IaaS、PaaS 和 SaaS 服务一体化的云解决方案，所以更贴近行业的业务应用，能满足客户多样化和未来可持续发展的需求。企业应根据实际业务特点，选择至少两家全栈公有云服务商。一方面，由于不同的云服务商专注的领域不同，其产品服务的优势各异，企业可根据业务实际情况选择每个应用最适合的云环境，有利于最大限度地提升应用性能和节约成本；另一方面，选择多个全栈公有云服务商可减少供应商锁定情况发生，企业能有效管理上云业务，深化可用服务池，保持灵活性，降低风险。如果仅选择单个全栈公有云服务商，企业的话语权较小，当面临供应商提高成本或断供的情况，企业往往处于被动状态，不利于企业长期稳定经营。

（2）选择可靠的全栈公有云服务商

鉴于头部的全栈公有云服务商体量较大，具有资金、人才、技术优势，其云服务设施的架构、部署、运维和服务能力较强，研发的公有云服务产品应用范围较广，云服务技术可靠性强，能较大程度地满足各行业客户的需求。加之，头部的全栈公有云服务商在服务客户方面有深厚的经验，能快速理解和响应客户的需求，为客户创造良好的使用体验。其技术能支持从中心到边缘云节点的统一管理，能实现业务无缝跨云部署与迁移，在未来能持续支撑企业业务演进。

（3）选择契合企业自身业务生态及未来发展的云服务商

企业应该选择功能齐全、能更全方位地满足其现有需求和随着企业未来发展将产生的需求的公有云服务商。这些需求不仅包括对云服务的需求，还包括协同企业发展的业务需求，即选择的公有云服务商的母公司除云服务外，其他业务涉及的产业也应与企业相关。这样，不仅能够满足企业对单方面公有云服务的需求，还有利于企业与该公有云服务商母公司的其他产业业务形成合作关系，产生协同效应，形成生态圈。

（4）提升自身专业化水平

在传统模式下，企业信息化建设需要购买硬件、软件，进行系统设计，准备设施和场地，聘请相关 IT 人员，这对中小企业来说是相当大的成本。云制造模式下，中小企业可以直接租赁 IT 基础设施，在线租赁和贷款管理系统应用软件等，有效避免了服务器、IT 基础设施、IT 人员等相关费用的支出，大大降低了企业信息化建设的成本。同时，中小企业可以随时在线获得云服务提供商的信息技术支持和服务，促进中小企业以更低的成本获得更先进的信息应用服务，并且有更多的资本和业余时间专注于研究企业的发展战略、关注企业的核心业务。

（5）注重企业间协同

云制造模式注重协同制造，强调企业间的合作，既能优化企业资源配置，又能快速寻求其他企业的优势资源。中小企业应充分利用云制造模式实现企业间的合作与交流，从而发挥各自的资源优势，提高中小企业的运营效率，发挥“1+1>2”的协同效应。

（6）引入“制造即服务”的经营理念

云制造是一种以服务和市场为导向的新型制造模式，可以促进企业从低端价值链向高端价值链发展，实现中小企业的快速转型升级。客户是企业提供的产品或服务的最终消费者和使用者，中小企业应以市场需求为导向，引入“制造即服务”的经营理念，为客户提供高附加值、低成本的服务，丰富和满足客户的需求。

第三节　云制造敏捷性优化

一、敏捷型组织基本概念

1. 组织敏捷性

（1）敏捷性

在管理学中，“敏捷性”是企业的一种能力，是指企业能够迅速及时地感知市场需求变动并且做出行动，适时快速地开发新产品以满足消费者的需求，拥有更强的竞争能力以占据更多的市场份额。

一系列的经典管理学理论都将“敏捷”与管理学领域联系在了一起。例如，“敏捷”与生产周期组合，可以表示快速；与批量定制组合，可以表示适应性；与精益生产组合，可以表示高效的资源利用；与虚拟组织组合，则可以表示供需链上各种形式的合作；与企业再造组合，可以表示迭代性地对企业的业务流程进行优化；与一个具有自学习、自适应能力的组织形式联系在一起，可以表示系统的自组织和自适应性。

（2）组织敏捷性

从特定的企业组织视角来界定敏捷性，就得到了“组织敏捷性”的概念。这一概念是指在因持续变化而导致无法预测的外部环境中，企业能够迅速响应市场变化、保持并加强竞争优势的能力。

然而，目前理论界对于组织敏捷性的定义尚未达成共识。一部分学者认为，组织敏捷性与企业产品的生产效率强相关，企业能够在较大范围内针对客户的个性化需求生产出低成本、高附加值的定制产品。也有一批学者认为，组织敏捷性更多与市场相关，企业关注市场规律和环境变化，并且依据这种能力来发掘更多的市场机会，是企业具有组织敏捷性的主要特征。除此之外，还有一种意见：组织敏捷性是指企业能否拥有一双发现市场中创新机遇的“慧眼”，并及时通过对资源（如资产、知识和关系等）的掌握、整合和重构把握这种机遇，逐步提高本企业的竞争力以在市场上占据领先地位。

狭义的组织敏捷性是企业依据自身内部和外部市场的变化做出反应的能力。这种反应能力并不是说一定以速度为上，更多是强调市场不可预测的特性，是站在更高的战略角度，关注企业能否在突发事件发生时及时地适应并做出反应。

敏捷性的精髓在于随着环境的变化调整自身，即一种精于变化的能力，包括感知变化、理解变化、响应变化、利用变化和创造变化。作为这些能力的综合体，敏捷性不仅能够帮助企业被动地对外部变化做出及时反应，更重要的是使企业具有主动应对变化的意识。因此，组织敏捷性是指在一个不断变化、不可预见的环境中，企业组织能够从发展战略、结构、功能和运行方式等角度不断地进行自我调整，实现快速、灵敏、有效、积极地响应市场变化、满足顾客需求，并在竞争中赢得优势，从而能够驾驭变化的能力。

（3）组织敏捷性的特征

1）敏捷性是一个系统。企业只有在各个要素和环节均实现了敏捷性，才能说企业具有组织敏捷性。这个特点既综合反映了企业系统由输入、输出和处理三个环节构成的运行过程的敏捷性，又反映了企业内部诸多构成要素的敏捷性，同时也反映了外部伙伴、供应商、分销商、顾客的敏捷性。换句话说，敏捷性只有在被视为一个系统时，企业才能依据其敏捷性的特点实现长远的、战略性的利益，并且在变幻莫测的竞争环境中占据长期的竞争优势。

2）敏捷性是一种能力属性。它反映了系统及其要素能力的敏感性、及时性、创新性、柔性和客户满意度。敏感性代表着响应速度、决策能力、果断坚决的行动以及智能的转换。敏捷性作为一种属性，还表现为规划属性和思维属性。总之，敏捷性是一种在新的竞争环境中立于不败之地的全面规划体系。

3）敏捷性是一种动态性、开放性。即要求对个人和组织绩效不断关注、对产品和服务价值不断关心、对不断变化的顾客需求一贯专注，要求企业不停革新，要求企业和员工学习任何他们需要了解的新事物，要求企业快速地与外部实体动态地交换能力和资源。

4）敏捷性集中表现为系统及其要素的可重构性、可重用性和可扩充性。可重构性是指企业所具有的能够根据变化的需要，对其组织、人员、技术等要素的数量、结构、关系等进行重构的能力属性。可重用性是指企业所具有的能够根据变化的需要，多次、反复地使用其组织、人员、技术等要素的能力属性。可扩充性是指企业所具有的能够根据变化的需要，对其组织、人员、技术等要素进行升级、扩展的能力属性。

如今，敏捷性已成为大部分企业保持竞争优势的重要因素之一。很多企业已经将组织敏捷性的构建与升级提升到了战略层次的高度，从战略角度进行规划，希望打造出一个可以驾驭变化，不断进行自我调整，快速、灵敏、积极、有效地响应市场变动，满足顾客需求的成功企业。

2. 敏捷型组织

顾名思义，敏捷型组织就是具有敏捷性的组织。具体来说，敏捷型组织是以敏捷性为战略目标，由满足敏捷性要求的组织结构、人员、业务流程等子系统组成，能够及时响应外部市场变化，及时提供满足消费者需求的产品或服务的企业组织模式。实现敏捷型组织的目标需要技术、组织和相关人员的协同努力。

敏捷型组织在国内的管理学领域有三个主要定义。从广义来说，敏捷型组织是具有敏捷竞争力，足以驾驭变幻莫测的外部市场，从而占据领先地位的组织形式。从狭义来说，敏捷型组织是从敏捷制造的角度进行定义，敏捷型组织或敏捷型企业即敏捷型制造企业。从“下一代企业”的角度来说，部分人认同 Kidd 与 Goldman 等国外学者的观点，认为敏捷型企业是未来的、先进的企业模式，是一种新型的企业经营组织形式。

评判一个企业是否具有组织敏捷性的标准是这个企业能否快速感知市场变化并迅速整合资源以应对这种变化。组织敏捷性是“敏捷性”在企业管理运营层面的具体表现形式，是制造企业组织变革的关键环节。组织敏捷性是敏捷型组织与传统组织模式的本质区别。

二、技术敏捷性优化策略

1. 加强技术管理

在信息化时代，加强技术管理能够有效推进企业技术创新与企业发展的良性循环，有效提升企业技术敏捷性。“公有云”服务平台积聚了大量的资源、服务、设计能力和先进的制造技术等，体现了分散资源集中化、集中资源共享化的服务思想。

云制造本身作为先进技术的集合体，在运营过程中对信息技术的管理会更加灵活、便捷，通过第三方的运维管理以及云平台所具备的信息技术优势使制造企业在技术应用方面具有高度吸收的特性，通过聚合分散在各地的制造资源和能力对其进行集中协同的管理模式，这表明云制造模式具有很强的技术管理水平。

制造业企业积极融入云平台，特别是对中小企业而言，自身研发设计能力有限，而企业的快速发展又离不开对先进技术的采纳和使用，这就切实需要借助云平台的共享机制模式，动态感知和把握相关技术的更新，不断清查企业现有技术，更新企业落后的技术，吸收和引进云制造服务共享平台中的先进技术。

此外，大型集团企业应该积极探索“私有云”云制造模式，能够有效保护企业的知识产权和动态监视企业内部的技术状态，动态提升集团企业的技术管理能力，从而进一步优化技术敏捷性。

2. 提高技术接受水平

技术接受水平是指企业是否愿意学习引进外部的先进技术。从某种意义上来说，企业判断一种新型 IT 技术是否需要被划入本企业的技术体系之中的标准是这项技术是否在本企业的运行模式下可以正常使用并且提高工作效率，是否易于在全公司范围内推广这项技术。

一方面，云制造技术具备有用性。云制造可以通过云端整合和优化企业制造资源及能力，智能调度虚拟资源来满足客户的需求，在技术上提升制造企业对环境的应变能力。例如，在云制造中制造资源的语义匹配技术、优势制造资源优先匹配技术、云制造容错技术等，这些技术能够将行业中企业制造资源和能力进行特征化分解，通过虚拟化技术对资源进行描述以便企业生产运作与资源的智能匹配，使企业的运营状态达到最佳，快速应对动态复杂的外部环境。

另一方面，云制造技术具备易用性。云制造能够为企业用户提供简化的操作页面和服务网络，集团企业内部下属企业可以借助“私有云”平台，通过简单操控获取所需资源和服务。此外，中小型企业借助由第三方运营的“公有云”平台所提供的技术和服务，可以大大减少 IT 基础设施和运维人员的费用，将更多的精力集中于核心业务，能够有效避免外部技术环境迅速变化的影响。

综上所述，企业应结合自身发展需求，积极融入云制造模式，动态把握技术环境变化，或采用私有云服务，提高集团及下属企业运维的灵活性，或采用公有云服务，提高中小型企业应对技术环境快速变化风险的能力。

3. 打造敏捷研发组织

打造基于云制造模式下的敏捷研发组织是提升技术敏捷性的重要举措之一。敏捷研发组织主要包括并行工程研发组织、虚拟研发组织、在大规模定制生产模式下的研发组织、动态项目型研发组织等。特别是随着先进制造技术和信息技术的快速发展，云制造融合了云计算、物联网、高性能计算、服务计算等先进技术，在企业制造全生命周期活动中发挥着越来越重要的作用。

企业技术敏捷性在一定程度上取决于企业的研发能力，特别是在动态复杂的外部环境下，企业拥有强大的研发能力，能够有效应对外部技术环境的变化，提高企业对新技术的适应性和应用水平。因此，企业应该将现有敏捷研发组织模式与云制造模式相结合，打造基于云制造模式下的敏捷研发组织，注重将云制造先进理念和技术融入企业研发体系，打造云制造的数字化研发平台，将企业相应的设计研发、生产工艺、加工流程等具备新颖性和独创性的思路融入云平台，实时动态更新企业研发组织内部管控信息，提升研发组织对企业内部生产工艺流程、产品和服务的敏感性，从而提升企业快速研发的能力，有效提升组织的技术敏捷性。

三、顾客服务敏捷性优化策略

1. 提供敏捷化服务

服务敏捷性是指企业集成和协调所有可用资源，以快速感知、预测和响应高质量、高附加值、低成本的，以顾客为导向的，服务需求驱动的外部市场机会的能力。

云制造模式的最大优势就是能够使企业动态把握市场需求，实现按需组织生产，根据市场动态变化调整生产计划，既能够有效避免资源浪费，又能充分满足顾客需求。云制造以顾客需求为导向，体现“制造即服务”的特点，整合和优化企业内外部资源（顾客资源、制造资源、数据资源等软硬件资源），通过物联网技术和虚拟化技术等将实体资源虚拟化，从而使物理层面的资源实现网络化融合。

云制造涉及产品或服务的研发设计、物料采购、生产加工、销售配送等制造全生命周期，因此可以对企业生产流程进行全程化监控。云制造中心会根据客户的制造需求进行智能分析，组织产品生产制造所需的资源，通过专门研发机构和生产加工车间的协同，共同完成产品或服务，提升顾客服务敏捷性。因此，企业应该借助云平台提供敏捷化服务，实现对数据的精细计算和细化管理，快速计算出产品生产制造的最佳业务流程和最短交货周期，提高企业对顾客需求的应变能力。

2. 加强顾客关系管理

企业在云制造模式下需要加强客户关系管理。顾客参与体现了顾客的创新智慧和力量，证实了客户关系管理可以直接并积极影响顾客参与新产品的开发。云制造模式注重顾客参与，强调将顾客融入企业制造全生命周期的过程中，为企业产品或服务的研发设计、生产运作等出谋划策。此外，企业可以通过云平台加强与客户的信息沟通，动态掌握顾客的服务或消费反馈，挖掘顾客对产品或服务的潜在需求，根据顾客对制造产品和服务信息的反馈，不断对现有产品和服务进行完善与更新。

四、运营敏捷性优化策略

1. 提升业务流程敏捷性

当环境发生变化时，企业需要动态调整业务流程以应对市场环境的变化。集团企业可以借助云平台，聚集产品设计、生产加工、客户关系管理、ERP 等应用软件系统，对集团下属企业进行统一规范化管理，切实提高下属企业的信息化水平，有效提高企业员工的工作效率，进一步简化工作流程和业务流程。例如，企业员工可以通过云平台界面快速了解企业生产信息，实现办公自动化，提高生产加工和事务处理速度，有效提升生产制造效率和运营效率。

此外，企业可以根据客户需求和库存情况，通过实施低成本、高品质、零库存系统组织生产，进一步提高企业的运营效率，从而打造敏捷化的业务流程。

2. 降低运营成本

集团企业可以借助云平台对下属企业分散化的制造资源、软硬件资源、制造能力等进行协同管理，通过物联网技术和虚拟化技术等实现联合，经由云平台进行集中调配管理和监测，提升资源管理的规范性，从而减少集团在运营过程中资源的浪费，提高资源配置效率。

此外，集团企业可以通过云制造中一系列应用降低运营成本。例如，建立生产成本系统，以确保产品生产成本降到最低；建立报价成本预测即时系统，动态掌握企业的生产制造能力，确保适时适度生产，以降低库存成本并避免资源浪费；通过计划生产实施平台，提供详尽的生产计划和问题解决方案，以便优化生产运营流程等。

本章小结

本章介绍了云制造与敏捷型组织的工作机制。“敏捷性”代表工业制造企业的一种重要能力，是指企业能够迅速及时地感知市场需求变动并且做出行动，适时快速地开发新产品以满足消费者的需求，拥有更强的竞争能力以占据更多的市场份额，是网络化改造的目标。

本章习题

1. 云制造体系结构分为哪几层？简述各层的主要功能。
2. 举例说明几个云制造的关键技术。
3. 简述个性化云制造的运作模式。
4. 私有云与公有云有哪些区别？
5. 什么是敏捷型组织？

缩略语

缩略语	英文全称	解释
3D	Three–Dimensional Space	三维空间
3GPP	3rd Generation Partnership Project	第三代合作伙伴计划
4K	4K Resolution	4K 分辨率
5G	5th Generation Mobile Communication Technology	第五代移动通信技术
5G NR	5G New Radio	第五代移动通信新无线接入技术
5GC	5G Core Network	第五代移动通信核心网
5GS	5G System	第五代移动通信系统
5QI	5G QoS Identifier	第五代移动通信服务质量标识符
	A	
ACL	Access Control List	访问控制列表
ADC	Application Delivery Controller	应用交付控制器
AF	Application Function	应用功能
AIaaS	Artificial Intelligence as a Service	人工智能即服务
AII	Alliance of Industrial Internet	工业互联网产业联盟
AMF	Authentication Management Function	认证管理功能
API	Application Programming Interface	应用程序编程接口
App	Application	应用程序
AR	Augmented Reality	增强现实
ARPANet	Advanced Research Projects Agency Network	高级研究计划局网络
ATS	Asynchronous Traffic Shaper	异步数据流整形器
AutoML	Automated Machine Learning	自动机器学习
AVB	Audio/Video Bridging	音视频桥接
AWS	Amazon Web Services	亚马逊网络服务
	B	
BCMA	Best Master Clock Algorithm	最佳主时钟算法
BGP	Border Gateway Protocol	边界网关协议
BSS	Business Support System	业务支撑系统

续表

缩略语	英文全称	解释
	C	
CAD	Computer-Aided Design	计算机辅助设计
CAG	Closed Access Group	封闭接入组
CAM	Content-Addressable Memory	内容寻址存储器
CANARIE	Canadian Network for the Advancement of Research, Industry and Education	加拿大科研、工业、教育促进网
CDMA	Code Division Multiple Access	码分多址
CERN	European Organization for Nuclear Research	欧洲核子研究中心
CIM	Computer Integrated Manufacturing	计算机集成制造
CM	Clock Master	主时钟
CNC	Centralized Network Configuration	集中式网络配置
CPS	Cyber-Physical System	网络实体系统
CPU	Central Processing Unit	中央处理器
CQF	Cyclic Queuing and Forwarding	循环排队和转发
CR	Cognitive Radio	认知无线电
CRM	Customer Relationship Management	客户关系管理
CRS	Cognitive Radio System	认知无线电系统
CS	Clock Slave	从时钟
CT	Communication Technology	通信技术
CUBE-Net	Customer-oriented Ubiquitous Broadband Experiencing Network	面向客户体验的泛在超宽带网络体系
CUC	Centralized User Configuration	集中式用户配置
	D	
D2D	Device-to-Device	设备到设备
DCS	Distributed Control System	分散控制系统
DetNet	Deterministic Networking	确定性网络
DevOps	Software Development and IT Operations	软件开发与 IT 操作
DN	Data Network	数据网络
DNN	Data Network Name	数据网络名称

续表

缩略语	英文全称	解释
DOS	Disk Operating System	磁盘操作系统
DSCP	Differentiated Services Code Point	差分服务代码点
DS-TT	Device-Side TSN Translator	设备端时间敏感网络转换器
	E	
ECC	Edge Computing Consortium	边缘计算产业联盟
ECS	EasyStack Cloud Service	易捷行云云服务
EGP	Exterior Gateway Protocol	外部网关协议
eMAC	Express MAC	快速 MAC 帧（高优先级帧）
eMBB	enhanced Mobile Broadband	增强移动宽带
ERP	Enterprise Resource Planning	企业资源计划
EtherCAT	Ethernet for Control Automation Technology	以太网控制自动化技术
ETSI	European Telecommunications Standards Institute	欧洲电信标准化协会
ETSI ISG NFV	ETSI Industry Specification Group for Network Functions Virtualization	ETSI 网络功能虚拟化行业规范组
	F	
FAR	Forwarding Action Rule	转发行为规则
FLC	Field Level Communication	现场级通信
FRER	Frame Replication and Elimination for Reliability	帧复制和消除
	G	
Gbps	Gigabyte per Second	千兆字节每秒（单位）
GCL	Gate Control List	门控列表
GDP	Gross Domestic Product	国内生产总值
GE	General Electric Company	通用电气公司
GENI	Global Environment for Network Innovations	全球网络创新环境
GHz	Gigahertz	千兆赫（单位）
GM	Grandmaster	超主时钟
GMSK	Gaussian Minimum-Shift Keying	高斯最小频移键控
GPS	Global Positioning System	全球定位系统
GPSI	Generic Public Subscription Identifier	通用公共用户标识符

续表

缩略语	英文全称	解释
gPTP	generalized Precision Time Protocol	广义精确时钟同步协议
GPU	Graphics Processing Unit	图形处理器
GSM	Global System for Mobile Communications	全球移动通信系统
GUI	Graphical User Interface	图形用户界面
	H	
HAL	Hardware Abstraction Layer	硬件抽象层
HetNet	Heterogeneous Network	异构网络
HPE	Hewlett Packard Enterprise	慧与科技公司
HSE	High-Speed Ethernet	高速以太网
HSPA+	High-Speed Packet Access+	增强型高速分组接入技术
HSR	High-availability Seamless Redundancy	高可用性无缝冗余（协议）
HTML	HyperText Markup Language	超文本标记语言
HTTP	HyperText Transfer Protocol	超文本传输协议
	I	
IaaS	Infrastructure as a Service	基础设施即服务
IBGP	Internal/Interior Border Gateway Protocol	内部边界网关协议
IBM	International Business Machines Corporation	国际商业机器公司
ICMP	Internet Control Message Protocol	互联网控制消息协议
ICT	Information and Communications Technology	信息通信技术
ID	Identifier	标识符
IEC	International Electrotechnical Commission	国际电工委员会
IEEE	Institute of Electrical and Electronics Engineers	电气与电子工程师协会
IETF	Internet Engineering Task Force	互联网工程任务组
IGP	Interior Gateway Protocol	内部网关协议
IIC	Industrial Internet Consortium	工业互联网联盟
IIRA	Industrial Internet Reference Architecture	工业互联网参考架构
IP	Internet Protocol	网际协议
IPsec	Internet Protocol Security	互联网安全协议
IPv6	Internet Protocol version 6	网际协议第六版
ISA	International Society of Automation	国际自动化学会

续表

缩略语	英文全称	解释
IS-IS	Intermediate System to Intermediate System	中间系统到中间系统
ISO	International Organization for Standardization	国际标准化组织
IT	Information Technology	信息技术
ITU	International Telecommunication Union	国际电信联盟
ITU-R	ITU Radiocommunication Sector	国际电信联盟无线电通信部门
IVRA	Industrial Value Chain Reference Architecture	工业价值链参考架构
	J	
JGN-X	Japan Gigabit Network Extreme	日本千兆位网络 -X
	K	
KVM	Kernel-based Virtual Machine	基于内核的虚拟机
	L	
LAN	Local Area Network	局域网
LBS	Location-Based Service	基于位置的服务
LNI	Labs Network Industrie 4.0	工业 4.0 网络实验室
LTE	Long Term Evolution	长期演进
	M	
MAC	Media Access Control	媒体接入控制
MANO	Management and Orchestration	管理和编排
Massive MIMO	Massive Multiple-Input and Multiple-Output	大规模多输入多输出（天线）
MHz	Megahertz	兆赫（单位）
MIMO	Multiple-Input and Multiple-Output	多输入多输出（天线）
mMTC	massive Machine Type Communication	海量机器类通信
mmWave	millimetre Waves	毫米波
MPLS	Multi-Protocol Label Switching	多协议标签交换
	N	
N3IWF	Non-3GPP InterWorking Function	非 3GPP 互通功能
NBI	North Bound Interface	北向接口
NB-IoT	Narrowband Internet of Things	窄带物联网
NEC	Nippon Electric Company	日本电气公司

续表

缩略语	英文全称	解释
NEF	Network Exposure Function	网络开放功能
NETCONF	Network Configuration Protocol	网络配置协议
NFC	Near Field Communication	近场通信
NFV	Network Functions Virtualization	网络功能虚拟化
NG-RAN	Next Generation RAN	下一代无线接入网（5G）
NID	Network Identifier	网络标识符
NoSQL	Not Only SQL	非关系型数据库
NPN	Non-Public Network	非公共网络
ns	Nanosecond	纳秒（单位）
NSF	National Science Foundation	美国国家科学基金会
NTT	Nippon Telegraph and Telephone	日本电信电话（公司）
NVGRE	Network Virtualization using Generic Routing Encapsulation	基于通用路由封装的网络虚拟化
NW-TT	Network-Side TSN Translator	网络端时间敏感网络转换器
	O	
OF-CONFIG	OpenFlow Configuration and Management Protocol	OpenFlow 配置与管理协议
OFDMA	Orthogonal Frequency Division Multiple Access	正交频分多址
OLE	Object Linking and Embedding	对象连接与嵌入
OMP	Open Manufacturing Platform	开放式制造平台
ON.Lab	Open Networking Lab	开放网络实验室
ONF	Open Networking Foundation	开放网络基金会
ONOS	Open Network Operating System	开放网络操作系统
OPC	OLE for Process Control	用于过程控制的 OLE
OPC UA	OPC Unified Architecture	OPC 统一架构
OSI	Open Systems Interconnection model	开放式系统互联模型
OSS	Operation Support Systems	运营支撑系统
OT	Operational Technology	运营技术
OTN	Optical Transport Network	光传送网
	P	
P2P	Peer-to-Peer	对等式网络

续表

缩略语	英文全称	解释
PaaS	Platform as a Service	平台即服务
PBR	Policy-Based Routing	策略路由
PC	Personal Computer	个人计算机
PCC	Policy and Charging Control	策略和计费控制
PCE	Path Computation Element	路径计算节点
PCF	Policy Control Function	策略控制功能
PCP	Priority Code Point	优先级代码点
PCR	Path Control and Reservation	路径控制和预留
PDB	Packet Delay Budget	分组时延预算
PDM	Product Data Management	产品数据管理
PDR	Packet Detection Rule	包检测规则
PDU	Protocol Data Unit	协议数据单元
PHY	Port Physical Layer	端口物理层
PLC	Programmable Logic Controller	可编程逻辑控制器
PLM	Product Lifecycle Management	产品生命周期管理
PLMN	Public Land Mobile Network	公共陆地移动网
pMAC	Preemptable MAC	可被抢占 MAC 帧
PON	Passive Optical Network	无源光网络
PRP	Parallel Redundancy Protocol	并行冗余协议
PSFP	Per-Stream Filtering and Policing	逐流过滤和监管
PTC	Parametric Technology Corporation	参数技术公司（美国）
PTN	Packet Transport Network	分组传送网
PTP	Precision Time Protocol	精确时钟同步协议
	Q	
QAM	Quadrature Amplitude Modulation	正交幅度调制
QCI	QoS Class Identifier	服务质量级别标识符
QoS	Quality of Service	服务质量
QPSK	Quadrature phase-shift keying	正交相移键控
	R	
RAM	Random Access Memory	随机存取存储器

续表

缩略语	英文全称	解释
RAMI 4.0	Reference Architecture Model Industrie 4.0	工业 4.0 参考架构模型
RAN	Radio Access Network	无线接入网
RDP	Remote Desktop Protocol	远程桌面协议
REST	Representational State Transfer	表现层状态转换
RESTCONF	REST Configuration Protocol	表现层状态转换配置协议
RSTP	Rapid Spanning Tree Protocol	快速生成树协议
RTC	Real Time Clock	实时时钟
RTU	Remote Terminal Unit	远程终端单元
	S	
SA	Security Association	安全关联
SaaS	Software as a Service	软件即服务
SCADA	Supervisory Control And Data Acquisition	数据采集与监视控制系统
SD-Branch	Software-Defined-Branch	软件定义的分支
SDDCN	Software-Defined Data Center Network	软件定义数据中心网络
SDH	Synchronous Digital Hierarchy	同步数字体系
SDN	Software Defined Networking	软件定义网络
SD-WAN	Software-Defined Networking in a Wide Area Network	软件定义广域网络
SLA	Service-Level Agreement	服务级别协议
SMF	Session Management Function	会话管理功能
SNPN	Stand-alone Non-Public Network	独立部署的非公共网络
S-NSSAI	Single Network Slice Selection Assistance Information	独立网络切片选择标识
SON	Self-Organizing Network	自组织网络
SPB	Shortest Path Bridging	最短路径桥接（协议）
SRP	Stream Reservation Protocol	流预留协议
SSC	Session and Service Continuity	会话和服务连续
SSH	Secure Shell	安全外壳（协议）
SSL	Secure Sockets Layer	安全套接层（协议）
STP	Spanning Tree Protocol	生成树协议
SUPI	Subscription Permanent Identifier	用户永久标识符

续表

缩略语	英文全称	解释
	T	
TAS	Time Awareness Shaper	时间感知整形器
Tbps	Terabyte per Second	太字节每秒（单位）
TBR	Technology Business Research	科技商业研究
TCAM	Ternary CAM	三态内容寻址存储器
Tcnet	Time-Critical Control Network	时延敏感控制网络（协议）
TCP	Transmission Control Protocol	传输控制协议
TRILL	Transparent Interconnection of Lots of Links	多链接透明互联（标准）
TSN	Time-Sensitive Networking	时间敏感网络
TT	TSN Translator	时间敏感网络转换器
	U	
UAC	Unified Access Control	统一接入控制
UCU	UE Configuration Update	终端配置更新
UDM	Unified Data Management	统一数据管理
UDN	Ultra Dense Network	超密集组网
UDP	User Datagram Protocol	用户数据报协议
UE	User Equipment	用户设备（3GPP 对移动终端的称呼）
UICC	Universal Integrated Circuit Card	通用集成电路卡
UNI	User Network Interface	用户网络接口
UPF	User Plane Function	用户面功能
URLLC	Ultra Reliable and Low Latency Communication	超可靠低时延通信
URSP	UE Route Selection Policy	终端路径选择策略
UTM	Unified Threat Management	整合式威胁管理
	V	
VID	Virtual LAN ID	虚拟局域网标识符
VIM	Virtualised Infrastructure Manager	虚拟化基础设施管理器
VLAN	Virtual LAN	虚拟局域网
VM	Virtual Machine	虚拟机
VNF	Virtualized Network Function	虚拟网络功能

续表

缩略语	英文全称	解释
VPN	Virtual Private Network	虚拟专用网络
VR	Virtual Reality	虚拟现实
VXLAN	Virtual Extensible LAN	虚拟扩展局域网
	W	
WIA	Wireless Networks for Industrial Automation	工业自动化无线网络（标准）
Wi-Fi	Wireless Fidelity	无线热点
Wi-Fi 6	Wireless Fidelity 6	第六代无线网络技术
WirelessHART	Wireless Highway Addressable Remote Transducer	无线高速可寻址远程传感器（标准）
WLAN	Wireless LAN	无线局域网
WWW	World Wide Web	万维网
	X	
XML	Extensible Markup Language	可扩展标记语言
XMPP	Extensible Messaging and Presence Protocol	可扩展消息与存在协议
	Y	
YANG	Yet Another Next Generation	（一种数据建模语言）

参考文献

［1］国家信息中心，中国信息协会．中国信息年鉴．2019［M］．北京：《中国信息年鉴》期刊社，2019.

［2］王喜文．中国制造 2025 解读：从工业大国到工业强国［M］．北京：机械工业出版社，2015.

［3］陈卫新．面向中国制造 2025 的智能工厂［M］．北京：中国电力出版社，2017.

［4］龙小康．中国新型工业化之路——以信息化带动工业化［M］．武汉：湖北人民出版社，2005.

［5］杨永志，赵伟．论信息化带动工业化的思想演进［J］．南开学报：哲学社会科学版，2003（3）：80–85.

［6］余晓晖，刘默，蒋昕昊，等．工业互联网体系架构 2.0［J］．计算机集成制造系统，2019，25（12）：2983–2996.

［7］肖琳琳．国内外工业互联网平台对比研究［J］. 信息通信技术，2018，12(3)：27–31.

［8］王建伟．工业赋能：深度剖析工业互联网时代的机遇和挑战［M］．北京：人民邮电出版社，2018.

［9］周剑，肖琳琳．工业互联网平台发展现状、趋势与对策［J］．智慧中国，2017，25（12）：56–58.

［10］万荣．互联网＋智能制造［M］．北京：科学出版社，2016.

［11］宋华振．时间敏感型网络技术综述［J］．自动化仪表，2020，41（2）：1–9.

［12］朱瑾瑜，程娜．时间敏感网络时间同步特性综述［J］. 信息通信技术与政策，2019（12）：70–73.

［13］张传福，赵立英，张宇，等．5G 移动通信系统及关键技术［M］．北京：电子工业出版社，2018.

［14］吕邦国，杨健，于涛．5G 标准进展及关键技术［J］．电信工程技术与标准化，2016，29（8）：39–43.

［15］杨峰义．5G 网络架构［M］．北京：电子工业出版社，2017.

［16］林玮平，魏颖琪，李颖．5G 在工业互联网上的应用研究［J］．广东通信技术，2018（11）：24–27.

[17] 刘洁 . 面向工业园区的 5G 垂直组网类服务探讨 [J]. 移动通信，2020，44（1）：38–43.

[18] 向涛 . 基于 5G 网络的工业互联网应用研究 [J]. 中国新通信，2019，21（22）：36–37.

[19] 黄韬，刘江，魏亮，等 . 软件定义网络核心原理与应用实践 [J]. 通信学报，2015（3）：288.

[20] 戈朗生，布莱克 . 软件定义网络：原理，技术与实践 [M]. 北京：电子工业出版社，2016.

[21] 殷波，张云勇，王志军，等 . 基于 SDN 的数据中心网络技术研究 [J]. 信息通信技术，2015（1）：29–33.

[22] 彭力 . 云计算导论 [M]. 西安：西安电子科技大学出版社，2013.

[23] 李伯虎，张霖，柴旭东 . 云制造概论 [J]. 中兴通讯技术，2010，16（4）：6–8.

[24] 张霖，罗永亮，陶飞，等 . 制造云构建关键技术研究 [J]. 计算机集成制造系统，2010（11）：192–202.

[25] 陶飞，张霖，郭华，等 . 云制造特征及云服务组合关键问题研究 [J]. 计算机集成制造系统，2011，17（3）：477–486.

[26] 李强，闫洪波 . 云制造理论体系及实践应用 [M]. 成都：电子科技大学出版社，2018.

[27] 王云霞，邱胜海，王志亮 . 面向服务的制造新模式——云制造研究综述 [J]. 现代制造工程，2013（3）：124–128.

[28] 霍春辉 . 云制造与敏捷型组织：开启工业 4.0 时代的新未来 [M]. 北京：人民邮电出版社，2016.

[29] 霍春辉 . 云制造模式下的企业敏捷性及其绩效提升 [M]. 北京：经济管理出版社，2015.

[30] 华红兵 . 移动营销管理 [M]. 广州：广东经济出版社，2017.

[31] 黄柯鑫 . 云设计资源生态化管理技术 [M]. 西安：西北工业大学出版社，2016.